Margot Käßmann / John August Swanson

Die Botschaft der Engel

MARGOT KÄSSMANN / JOHN AUGUST SWANSON

Die Botschaft der *Engel*

Die Weihnachtsgeschichte zum Lesen und Staunen

KREUZ

Für meine Mutter

Inhalt

Vorwort 8

1. Ein Besuch 11

2. Die Geburt 25

3. Die Hirten 39

4. Die Weisen aus dem Morgenland 53

5. Im Tempel 67

6. Flucht nach Ägypten 79

Zum Schluss 90

Vorwort

Von August bis Dezember 2010 konnte ich an der Emory University in Atlanta im US-Bundesstaat Georgia lernen und lehren. Ich bin der Fakultät, der Candler School of Theology, sehr dankbar für diese Einladung. Sie hat mir die Möglichkeit gegeben, Abstand zu gewinnen zum voll durchgeplanten Terminkalender einer Landesbischöfin und Zeit zu finden für intensive Lektüre und neue berufliche Orientierung. Besonders wichtig waren mir in diesen Monaten die Begegnungen mit den anderen Professorinnen und Professoren. Da gab es zum Beispiel einmal in der Woche ein kleines Mittagessen, bei dem ein Fakultätsmitglied ein aktuelles Forschungsprojekt vorstellte. Das war ungeheuer spannend. Und auch die Studierenden mit ihren so unterschiedlichen ethnischen und konfessionellen Herkünften haben mir manchen neuen Horizont eröffnet.

Begleitet haben mich in diesen Monaten die Bilder des 1938 geborenen Malers John August Swanson. Die Candler School of Theology hatte gerade 55 seiner Bilder erworben und in ihren Räumen gehängt; damit findet sich in Atlanta die größte geschlossene Sammlung von Swanson-Bildern. Besonders bewegt hat mich dabei die Betrachtung des Weihnachtszyklus'; die Bilder von der Geburt Jesu begegneten mir jeden Morgen auf dem Weg zum Büro. Zum einen finde ich die Kraft der Farben dieser Bilder bewegend und anziehend. Sie erinnert an Swansons lateinamerikanische Herkunft: Seine Mutter stammt aus Mexiko, während sein Vater Schwede war. Zum anderen gibt es so viele Details zu entdecken, dass ich immer wieder stehen geblieben bin und Neues gesehen habe. Das finde ich faszinierend! Swanson zeigt die biblischen Geschichten und lässt sie in frischen Farben neu leuchten, ja, er erzählt sie weiter in unsere Zeit hinein. Diese Erzähltradition ist Teil christlicher Kultur. Swansons Bilder zeigen, dass nicht nur Worte oder Töne erzählen können, sondern auch die Malerei.

Im deutschsprachigen Raum ist Swanson nicht oder kaum bekannt. Daher entstand die Idee, seine sechs Weihnachtsbilder in einem Buch zu zeigen und mit Gedanken zur Weihnachtszeit zu verknüpfen. Ich danke der Candler School of Theology, insbesondere Dekanin Dr. Janice Love, für die Vermittlung und John August Swanson für die Bereitschaft, die Bilder zur Verfügung zu stellen, sowie dem Kreuz Verlag für das Aufgreifen dieser Idee.

Mit diesem kleinen Band möchte ich Sie hineinnehmen in die Betrachtung von Swansons Bildern. Wir können mit ihnen eintauchen in die biblische Geschichte von der Geburt des Gottessohnes, die verknüpft ist mit einer Vielzahl weiterer biblischer Gestalten und Geschichten. Weil es Geschichten vom Leben und Glauben sind, verbinden sie alle sich mit unserem Leben und Glauben heute. Die Weihnachtsgeschichte ist kein angestaubter alter Text, sondern eine lebendige Erzählung von Menschen, die sich mitten in ihrem Leben mit all seinen Höhen und Tiefen Gott anvertrauen. Im Englischen sind die Bilder in einem kleinen Studienheft mit dem Titel „A Thrill of Hope" erschienen: Ein „Staunen voll Hoffnung" also oder auch ein „Erschauern vor Hoffnung" kommt da zum Ausdruck. Für das deutsche Buch hat sich der Kreuz Verlag für den Titel „Die Botschaft der Engel" entschieden. Ich konnte dem gut zustimmen: Denn es ist ja so, dass uns selten irgendwo so viele Engel begegnen wie in der Weihnachtsgeschichte – und auf Swansons Bildern! Mal schauen sie von oben auf alles, was sich tut, dann sind sie mitten im Geschehen. Sie verkörpern Gottes Nähe zu den Menschen, sie stehen für die himmlische Begleitung auf den irdischen Wegen.

So wünsche ich allen Leserinnen und Lesern, dass diese Bilder auch sie in ihren Bann ziehen, die Augen öffnen für neue Aspekte in dieser zweitausend Jahre alten Geschichte und sie verbindet mit unserem Glauben und Leben heute.

1. Ein Besuch

Und im sechsten Monat wurde der Engel Gabriel von Gott gesandt in eine Stadt in Galiläa, die heißt Nazareth, zu einer Jungfrau, die vertraut war einem Mann mit Namen Josef vom Hause David; und die Jungfrau hieß Maria. Und der Engel kam zu ihr hinein und sprach: Sei gegrüßt, du Begnadete! Der Herr ist mit dir! Sie aber erschrak über die Rede und dachte: Welch ein Gruß ist das? Und der Engel sprach zu ihr: Fürchte dich nicht, Maria, du hast Gnade bei Gott gefunden. Siehe, du wirst schwanger werden und einen Sohn gebären, und du sollst ihm den Namen Jesus geben. Der wird groß sein und Sohn des Höchsten genannt werden; und Gott der Herr wird ihm den Thron seines Vaters David geben, und er wird König sein über das Haus Jakob in Ewigkeit, und sein Reich wird kein Ende haben.

Da sprach Maria zu dem Engel: Wie soll das zugehen, da ich doch von keinem Mann weiß? Der Engel antwortete und sprach zu ihr: Der Heilige Geist wird über dich kommen, und die Kraft des Höchsten wird dich überschatten; darum wird auch das Heilige, das geboren wird, Gottes Sohn genannt werden. Und siehe, Elisabeth, deine Verwandte, ist auch schwanger mit einem Sohn, in ihrem Alter, und ist jetzt im sechsten Monat, von der man sagt, dass sie unfruchtbar sei. Denn bei Gott ist kein Ding unmöglich.

Maria aber sprach: Siehe, ich bin des Herrn Magd; mir geschehe, wie du gesagt hast. Und der Engel schied von ihr.

Lukas 1, 26-38

Wer John Swansons Bild zur Ankündigung der Geburt betrachtet, ist erst einmal verwirrt: Wo ist denn die Hauptperson, wo ist Maria?

Viele Menschen sind zu sehen, mitten bei ihrer Alltagsarbeit. Die Frauen und Männer waschen Wäsche, hüten Schafe, versorgen Kranke. Es ist ein geschäftiges und buntes Gewimmel – und nur wer sich darin genau umschaut und sucht, findet Maria schließlich, ganz unten rechts ist sie. Zu erkennen ist sie letztlich nur, weil sie von drei Engeln besucht wird. Diese wiederum sind allein an ihren Flügeln zu erkennen. So lebhaft ist dieses Bild, Vielfältiges geschieht auf ihm – dieser besondere Besuch fällt darin kaum auf. Und schon gar nicht stürzen alle aufgeregt herzu, um eine Sensation mitzuerleben …

Bekannte Gemälde dieser Szene, von Raffael zum Beispiel oder Tizian, zeigen Maria und den Engel Gabriel allein, in einem intensiven Zwiegespräch. Da ist Maria völlig konzentriert auf die Botschaft, die sie gerade erhält, und es ist ganz klar: Hier geschieht etwas Einmaliges, nichts an dieser Begegnung ist normal oder gewöhnlich. Die Maria, die John August Swanson malt, ist eine Frau im Alltag des Lebens und ihrer Welt. Mitten in der Geschäftigkeit, die rings um sie herrscht, geht auch sie ihrer alltäglichen Arbeit nach. Sie füttert die Hühner. Sie unterscheidet sich nicht besonders von den anderen Menschen auf dem Bild, sie ist eine von vielen, sie ist schlicht eine Frau in ihrem Dorf. Und die Engel passen gut hinein in diesen bunten, lebhaften Alltag.

Für mich kommt dadurch zum Ausdruck: Gott kann dich mitten im Leben erreichen. Du musst nicht besondere Orte aufsuchen, du musst nicht besondere Zeiten finden, und du musst nicht besonders reich, schön oder intelligent sein, um Gott zu begegnen. Übrigens auch nicht besonders arm, kummervoll und leidend. Hör hin, schau hin, hab ein offenes Herz: Und du wirst erleben können, was alles möglich ist in Gottes Welt! Das Leben ist bunt, oft genug verwirrend, manchmal verlierst du den Faden. Aber bleib offen dafür, dass sich etwas ändern kann, auch mitten im Gewöhnlichen, höre auf die Stimme, die dir zuruft: Du bist etwas Besonderes! In deinem Leben wirst du Segen erfahren!

Maria wirkt ruhig und gelassen. Gewiss, sie ist, so erzählt es Lukas, erstaunt, als „begnadet“, als auserwählt bezeichnet zu werden. Und welche Frau beschleicht bei aller Freude über eine Schwangerschaft nicht auch ein gewisses Bangen: Wie wird alles werden? Am Ende aber behält auch angesichts dieser erstaunlichen Nachricht Marias Vertrauen die Oberhand: Was immer geschieht, ich kann meinen Lebensweg als den Weg Gottes mit mir erkennen.

Leicht wird es nicht sein für sie. Es heißt in der Bibel, sie sei „Josef anvertraut“, also mit ihm verlobt, aber noch nicht verheiratet. Eine uneheliche Schwangerschaft löste damals wie auch heute noch in vielen Gesellschaften unserer Welt große Angst bei der Frau aus, vor Missachtung, Schande und Ausgrenzung. Auch in der Kirche war und ist lange nicht jedes Kind willkommen; ich habe erlebt, dass in Südafrika Frauen in einem Gottesdienst beim Abendmahl zurückgewiesen wurden. Sie hatten ein Kind zur Welt gebracht, ohne verheiratet zu sein. Was für ein Widerspruch zur Lehre Jesu, der alle an seinen Tisch geladen hat! Und was für ein Widerspruch zu seiner eigenen Geburt.

Dabei ist übrigens im hebräischen Denken und damit in dem Umfeld, aus dem Maria kommt, die Jungfräulichkeit kein zentrales Thema. Sie hat auch mit Blick auf Maria in den ersten Jahrhunderten des Christentums keine große Rolle gespielt. Es war dann die Übersetzung einer Verheißung des Propheten Jesaja aus dem Alten Testament vom Hebräischen ins Griechische, mit der der Gedanke der Jungfräulichkeit aufkam: ‚Sieh doch, eine junge Frau ist schwanger, sie wird ein Kind gebären und es ‚Gott-ist-mit-uns' nennen" (Jesaja 7,14). Die hebräische *almah* Jesajas ist schlicht eine „junge Frau"; übersetzt mit dem griechischen Wort *parthenos* wird daraus eine im sexuellen Sinne jungfräuliche Frau.

Als Mutter wird Maria zu diesem besonderen Kind Jesus stehen, mit dem sie einen so außergewöhnlichen, aber auch außergewöhnlich schwierigen Anfang erlebte in der Schwangerschaft und bei der Geburt. Sie wird weitere Kinder bekommen, aber dieses erste bleibt für sie besonders. Sie wird versuchen, ihn zu verstehen, als er früh beginnt, in die Synagoge zu gehen und im Tempel sogar zu lehren. Sie wird die Kränkung ertragen, als er sie zurückweist und behauptet, andere, seine Freunde und Freundinnen, seien seine Familie. Dass er „Gottes Sohn" genannt werden würde, ja, das hatte der Engel ja gesagt. Einfach war das nicht, und leicht zu verstehen auch nicht. Aber am Ende wird sie bei ihm sein, als er stirbt. Die Mutter Maria mit dem toten Sohn in den Armen, auch dieses Bild haben viele Maler und Bildhauer festgehalten. Die Pieta steht in aller Welt für das Leiden von Müttern, deren Sorge um ihre Kinder, deren Liebe stärker ist als alles, was sie trennen mag an Streit, an Veränderung und anderen Wegen, an schicksalhaften Ereignissen.

Auch heute und auch in unserer Gesellschaft setzen Mütter sich voller Hingabe für ihre Kinder ein, opfern sie sich auf. Kürzlich habe ich ein Kinderhospiz besucht, wo das ganz greifbar zu erleben war. Mütter geben ihren Beruf auf, ihr unabhängiges, privates Leben und Glück, um ganz und gar für ihre Kinder da zu sein, gerade dann, wenn es leidet, ja, sterben muss. Für all diese mitleidenden Mütter ist Maria ebenso ein Symbol wie für all die Frauen, die erfahren, dass sie schwanger sind, und die bange sind und sich zugleich freuen über das neue Leben, das in ihnen wächst. Maria fühlt wie sie, und ihre Geschichte zu hören, Bilder von ihr zu betrachten, das kann Kraft geben. Als die trauernde Maria dann, nach der schrecklichen Hinrichtung, den toten Sohn salben will, darf sie erleben, dass der Tod bei ihm nicht das letzte Wort hatte. Aber das ist eine andere Geschichte …

Auf Swansons Bild fällt an Maria besonders ihr Kleid auf, vielleicht ist es auch eine Schürze. Denn auf ihr ist der Baum des Lebens abgebildet. Er steht für das Paradies, das die Bibel ganz am Anfang beschreibt (1. Mose/Genesis 2,9): ein üppiger Garten, in dem das Leben von Menschen und Tieren ohne Mühe ist; auch Gott ist in diesem Garten, und der Baum des Lebens und der Baum der Erkenntnis von Gut und Böse sind in seiner Mitte. Alles, was wächst, dürfen die Menschen essen, nur nicht die Früchte dieser Bäume in der Mitte, so hat Gott es den Menschen gesagt. Adam und Eva tun es trotzdem. Wir sehen die beiden auf dem Bild von John Swanson, sie sind ganz unten hinter den drei Engeln, gemalt in dem Moment, als sie samt der Schlange aus dem Paradies vertrieben werden. Das war der Augenblick, in dem alles Arbeiten und Schaffen angefangen hat. Adam und Eva müssen den Garten mit dem Baum des Lebens verlassen, aber sie sind dabei unterwegs in die Richtung, in der Maria steht. Durch sie eröffnet sich wieder ein Zugang zum Lebensbaum, sie trägt ihn in sich.

Denn nach der Vorstellung der Evangelisten, die die Lebensgeschichte von Jesus aufgeschrieben haben, gibt es durch ihn einen Zugang zum Baum des Lebens, zu einem Leben, das eine andere Qualität hat. An diesem ewigen Leben können wir teilhaben, indem wir in Erinnerung an ihn Brot und Wein teilen. Der Seher Johannes verwendet in seiner Schrift, dem Buch der Offenbarung, eben diese Bilder, um die Zugehörigkeit zu Gott auszudrücken: „Wer siegt, dem werde ich zu essen geben vom Baum des Lebens, der im Paradies Gottes steht“ (Offenbarung 2,7). Dass Gott eine Zukunft vorsieht, auf die man sich uneingeschränkt freuen kann, wird sichtbar in Jesus. Er stirbt selbst am Kreuz und zeigt doch seinen Jüngerinnen und Jüngern, dass das Leben mit dem Tod nicht endet. Da kommt noch was. In Gottes Zukunft werden „Not, Leid und Geschrei ein Ende haben, und der Tod wird nicht mehr sein“, schreibt Johannes (Offenbarung 21,4).

Auf all dies weist Marias Schürze mit dem Baum des Lebens hin; mit ihrer Schwangerschaft beginnt ein Weg, der den Menschen neue Perspektiven eröffnet, ja, den Himmel öffnet weit über die begrenzte Sicht unseres Lebens hinaus. Die Weihnachtsgeschichte schließt den Kreis, der mit der Trennung von Gott durch die Übertretung seines Gebotes und die Vertreibung aus dem Paradies beginnt. Und sie ist damit der Anfang einer großen Hoffnungsgeschichte neuer Nähe Gottes zu den Menschen.

Die drei Engel sehen fast schüchtern aus. Sie sind die Einzigen im Bild, die nichts zu tun haben, nicht wirklich beschäftigt sind. Blumen bringen sie mit zum Besuch bei der jungen Frau! Ich kann mich nicht erinnern, das je in einer anderen Darstellung dieser Szene gesehen zu haben. Das wirkt nett, freundlich, alltäglich: Sie kommen vorbei wie Nachbarn oder Freunde.

Wer sind denn Engel? „Es müssen nicht Männer mit Flügeln sein“, hat Otto Wiemer gesagt. „Engel“, so werden in der Bibel die Boten Gottes genannt, die den Menschen etwas besonders deutlich vermitteln. Das hier sind junge Leute, sie begegnen einer jungen Frau. Mitten im Alltag. Sie stehen vor der Tür, klopfen an, klingeln, haben eine Botschaft zu überbringen. Ihre Botschaft kennen wir aus dem biblischen Text. Gott hat Besonderes mit dir vor! Sei offen dafür! Einen Sohn wirst du haben; und er wird Gottes Sohn sein. Ein besonderer Mensch, der für alle Menschen da sein wird.

Swanson verknüpft mit seinen Bildern ja immer wieder die Geburtsgeschichte mit anderen biblischen Geschichten. Mich erinnert diese Szene an eine Geschichte aus dem Alten Testament, die im Hain Mamre spielt. Ein Hain ist eine kleine Ansammlung von Bäumen in sehr heißer, trockener Gegend. In der biblischen Erzählung ist Mamre der Wohnort Abrahams. Eines Tages kommt Gott zu

Besuch zu Abraham, und zwar in Gestalt von drei Männern (1. Mose/ Genesis 18,1-15). Die Gäste sagen dem kinderlosen Abraham eine große Nachkommenschaft voraus, schon in einem Jahr wird seine Frau Sarah einen Sohn haben, sagen sie. Sarah, die dem Gespräch von entfernt zugehört hat, lacht herzlich über diese Worte. So sehr hat sie eine Schwangerschaft erhofft, als sie jung war, aber jetzt ist sie doch endgültig viel zu alt, um noch Kinder zu bekommen. Einer der Besucher meint dazu: „Sollte Gott etwas unmöglich sein?"

Ob die Szene in Swansons Bild darauf anspielt? Da ist nicht nur Gabriel bei Maria, es ist aber auch nicht die „Menge der himmlischen Heerscharen", von denen dann bei der Geburt berichtet wird, sondern es sind drei Engel, drei Gestalten mit Flügeln. Vielleicht aber sind die drei auch ein Hinweis auf die Dreifaltigkeit, Gott, den Vater, Gott, den Sohn, Gott, den heiligen Geist? Die Szene lässt uns nachdenken und nimmt uns hinein in das Geschehen: Ein Kind wird verheißen von Gott; von Gott, dem nichts unmöglich ist.

So hat Maria auf Swansons Bild nicht nur ihren Platz in ihrem Dorf und dem Alltagsgeschehen, das in mehr als zwanzig Szenen dargestellt wird. Swanson gibt ihr durch vielerlei Hinweise auch einen Platz mitten in den biblischen Erzählungen. Auch auf andere Geschichten sind mehr als zwanzig Hinweise zu finden! Marias Geschichte ist ein Teil der Geschichte Gottes mit den Menschen. Wer sich Zeit nimmt, wird vieles entdecken können!

In dem Haus oben rechts auf dem Bild ist zum Beispiel die Arche Noah zu erkennen; und mit der Taube, die Noah aussendet, das Versprechen Gottes: „Solange die Erde steht, soll nicht aufhören Saat und Ernte, Frost und Hitze, Sommer und Winter." Und dann sehe ich Ruth und Noomi, oberhalb der Paradiesszene an der Hauswand der dritten Hütte unten. Ihre Geschichte ist die zweier Frauen, die in schwerer Zeit zusammenhalten und am Ende Zukunft und Segen finden. Die Freundschaft zu einer Frau, wie Ruth und ihre Schwiegermutter Noomi sie erleben, wird auch Maria prägen. Bald schon, so erzählt Lukas, wird sie sich zu ihrer Cousine Elisabeth aufmachen, die ebenfalls schwanger ist. Die beiden werden viel Zeit miteinander verbringen, und die Söhne, die sie zur Welt bringen, werden einander verbunden sein. Überhaupt wird auf Swansons Bild deutlich: Frauen spielen hier eine zentrale Rolle, sie sind gut sichtbar mitten im Geschehen. Das bedeutet: Gottes Geschichte mit den Menschen ist keine Männergeschichte. Auch wenn es in kirchlichen Zusammenhängen manchmal so scheinen mag.

Aber ich sehe nicht nur Geschichten und Motive aus dem Alten Testament, den Schriften, die schon für Maria heilig waren. Wer Swansons Bilder genau betrachtet, wird immer mehr entdecken. So finden sich auch Hinweise auf das spätere Leben Jesu. Dabei ist mir die Fußwaschung besonders aufgefallen. In der trockenen und heißen Gegend, in der diese Geschichten spielen, war sie ein wohltuendes Ritual für Menschen, die nach langer Wanderung auf staubigen Wegen nach Hause kamen oder als Gast ein Haus betraten. Als Jesus umherzieht und predigt, wird einmal eine Frau – deren Name nicht genannt wird – ihm die Füße nicht nur waschen, sondern auch salben; und Jesus wird den Protest der Jünger abweisen, die sich über die Verschwendung der teuren Salbe aufregen. Jesus selbst wird schließlich unmittelbar vor seiner Verhaftung die Füße der Jünger waschen, als Zeichen dafür, dass er selbst auch dienen will. Im Johannesevangelium sagt er: „Wenn nun ich, euer Herr und Meister, euch die Füße gewaschen habe, so sollt auch ihr euch untereinander die Füße waschen" (Johannes 13,14). Keine Anspruchshaltung einnehmen, sondern einander zur Seite stehen und sich gegenseitig unterstützen, das soll die auszeichnen, die Jesus nachfolgen.

Genauso eindrücklich ist auch die Szene mit der Frau am Brunnen. Sie wird im Johannesevangelium erzählt. Darin begegnet Jesus einer Frau aus Samarien, die am Brunnen Wasser holt (Johannes 4). Eine bewegende Szene spielt sich ab. Die Frau ist mehrfach diskriminiert: als Frau, als Ausländerin und weil sie – zum wiederholten Male – unverheiratet mit einem Mann zusammenlebt. Jesus beginnt mit ihr ein Gespräch darüber, welches Wasser wir wirklich zum Leben brauchen. Es ist ein Gespräch auf Augenhöhe, und Jesus macht darin deutlich, dass sich seine Lehre über das Volk Israel hinaus an alle Völker und Menschen richtet. Jene Frau am Brunnen begreift, was er damit sagen will, ihr wird bewusst, was diese Nachricht bedeutet: Ihr Leben ist nicht zweitrangig, gleichgültig oder sogar hoffnungslos verloren. Sie mag gescheitert sein, es mag Menschen geben, die sie verurteilen – aber Gott sagt ihr Lebenssinn zu.

Weil die Geschichten, von denen die Bibel erzählt, ja zu einer Zeit spielen, die sehr lange her ist, und weil die gesellschaftlichen, politischen, sozialen Bedingungen so ganz anders waren als unsere, hat in den letzten Jahren die sozialgeschichtliche Forschung immer wieder herausgestellt, wie wir die Bibel in ihrem geschichtlichen und sozialen Kontext lesen und verstehen können. Nur wenn wir mehr über die Zeit und die Umstände wissen, ist es uns möglich, den „Sitz im Leben“ der Geschichten zu verstehen. Dann können wir ihre Bedeutung besser verstehen und was sie uns sagen könnten.

Kinder sind in diesen Geschichten allzu oft unsichtbar; doch es gibt eine besondere Szene, in der Jesus sagt: „Lasset die Kinder zu mir kommen und wehret ihnen nicht, denn solchen gehört das Himmelreich“ (Matthäus 19,14; Lukas 18,16). Doch wir müssen uns vorstellen, dass zur Zeit Jesu Kinder stets anwesend gewesen sind, dass sie überall dabei waren – als er auf dem Berg lehrte, als er bei der Hochzeit zu Kanaa war, als er Maria und Martha besuchte oder beim Einzug in Jerusalem. Wir müssen sie hineindenken in unsere Vorstellungen von den biblischen Geschichten, die die Evangelien erzählen. Diese Erkenntnis nimmt John Swanson auf. In seinen Bildern sind Kinder keine Randfiguren, sie sind anwesend, mittendrin im Alltag, Teil des Geschehens. Und so setzt er den Satz Jesu um, und wir können manches Mal Glauben von Kindern lernen. Weil sie mit ihrer Aufmerksamkeit und ihrem Vertrauen Zugang finden, wo wir mit unserem Zweifeln und Denken in Sackgassen geraten.

2. Die Geburt

Es begab sich aber zu der Zeit, dass ein Gebot von dem Kaiser Augustus ausging, dass alle Welt geschätzt würde. Und diese Schätzung war die allererste und geschah zur Zeit, da Quirinius Statthalter in Syrien war. Und jedermann ging, dass er sich schätzen ließe, ein jeder in seine Stadt. Da machte sich auf auch Josef aus Galiläa, aus der Stadt Nazareth, in das jüdische Land zur Stadt Davids, die da heißt Bethlehem, weil er aus dem Hause und Geschlechte Davids war, damit er sich schätzen ließe mit Maria, seinem vertrauten Weibe; die war schwanger.

Und als sie dort waren, kam die Zeit, dass sie gebären sollte. Und sie gebar ihren ersten Sohn und wickelte ihn in Windeln und legte ihn in eine Krippe; denn sie hatten sonst keinen Raum in der Herberge.

Lukas 2,1-7

Auf dem Bild von John Swanson haben Maria und Josef noch nicht einmal einen geschlossenen Stall, gerade mal ein Dach über dem Kopf schützt sie, als das Kind zur Welt kommt. Lukas beschreibt die Armut und Kargheit, in der die Geburt des Retters der Welt stattfindet, auf eine Art und Weise, dass ein größerer Gegensatz zu Macht und Reichtum der Herrscher der Welt kaum vorstellbar ist. Ein Mann, eine Frau, ein Kind – ohne jeden Besitz. Von Anfang an ist das Evangelium eine radikale soziale Herausforderung. Gott wirkt mitten in der Welt durch die Ohnmächtigen! Wir finden Gott nicht im glanzvollen Schein von Erfolg und Geld, sondern mitten in der Armut dieser Welt. Dort, wo eine Frau verzweifelt blickt, weil sie Angst hat um die Zukunft für ihr Neugeborenes. Wo ein Mann liebevoll und schützend den Arm um Frau und Kind legt.

Immer wieder haben Menschen diese Radikalität Gottes begriffen. Die Sklaven im Römischen Reich. Die Bauern im 16. Jahrhundert. Die Verelendeten in Lateinamerika im 20. Jahrhundert. Das Evangelium ist eine Ermutigung für die Armen der Welt. Gott wendet sich nicht von ihnen ab. Das Schicksal, das sie zu erleiden haben, ist nicht selbst verschuldet, und sie bleiben nicht sich selbst überlassen. Nein: Gott ist mitten unter ihnen, will sie ermutigen. In wie vielen Ländern dieser Erde werden Kinder auch heute in Armut geboren. Da sind Eltern ohne Perspektive, versunken in Elend oder Gewalt, auf der Suche nach einem Weg, der in die Zukunft trägt. Auch in Europa kennen wir solche Situationen. Gerade erst haben Flüchtlingsorganisationen in Frankreich gezeigt, wie traumatisiert Kinder sind, die mit ihren Eltern in Abschiebehaft sitzen. Sie befinden sich in einer reichen Welt, mittendrin – und sind doch zur Seite gedrängt. Keinen Schimmer von Hoffnung sehen sie …

Für die Reichen und Mächtigen der Welt bleibt das eine Herausforderung, ein Stachel. Sie können Gott nicht greifen und halten mit all dem schönen Schein der Wohlhabenden, in den großen Häusern für höchste Ansprüche. Die Weihnachtsgeschichte zeigt deutlich: Gott wohnt wohl eher selten in den Luxusvillen, nicht hinter den leuchtenden Glasfassaden und unter den Berühmten der Welt. Berauschende Partys, angesagte Clubs – wer ständig auf der Suche nach Anerkennung und Applaus ist, sich verwirklichen und aus dem Vollen schöpfen will, wer meint, dass Öffentlichkeit, Ruhm und Reichtum Sinn geben, läuft allzu oft an einem Leben in Fülle vorbei. Verpasst über allen Trends und Must-Haves schlicht, was die Tiefe des Lebens ausmacht: Liebe und Vertrauen; auch Gottvertrauen. Manches Mal wird das Glücklichsein offenbar leichter, wo die Fassaden abgebröckelt sind.

Das gilt auch für die Kirche. Jeder Triumphalismus sollte ihr fremd sein. Nicht aus Glanz und Gloria besteht Gottvertrauen, und auch Wachstum und gute Finanzen sind nicht Beweise für Glaubenstreue. Sondern da, wo sie mitten unter denen lebendig ist, die leiden, hungern, krank oder im Gefängnis sind, folgt die Kirche ganz dem, auf den sie sich beruft. Da, wo sie dürstet nach Gerechtigkeit. Wo sie die sieht, die in unserer Gesellschaft oft recht unsichtbar sind – weil sie samstags nicht beim Event-Shopping dabei sind, nicht in den Restaurants, nicht im Fitnessstudio, weil sie beim Elternabend in der Kneipe nicht auftauchen, weil keine Kindergeburtstage gefeiert werden; weil sie nicht mitreden können über das i-Phone 4. Sind sie Teil der Kirche, sichtbar, geachtet, mitgestaltend, dann wird Kirche lebendig. Unsere Kirche ist immer dann ganz nah an ihren Ursprüngen, wo sie die Erfolgskategorien der Welt ablegt und die Barmherzigen in den Vordergrund stellt, wo die mit reinen Herzen und die geistlich Armen das Sagen haben. Die größten Zeuginnen und Zeugen für den Glauben waren oft die in den Augen der Welt wenig Erfolgreichen. Schon die ersten Jüngerinnen und Jünger waren nicht gerade Erfolgstypen: Petrus verleugnet Jesus gleich nach der Verhaftung, Maria von Magdala hatte einen zweifelhaften Ruf, Paulus war zunächst ein Christenverfolger. Aber Gott hat sie alle ernst genommen, sie haben die gute Nachricht weitergegeben, mit ihnen hat eine Bewegung angefangen, die nicht unterzukriegen war.

Damals, als Marias Kind zur Welt kommen sollte, hat ein Mächtiger im fernen Rom, Kaiser Augustus, die Menschen zum Aufbruch gezwungen, weil er eine Volkszählung anordnete. Sein Statthalter Quirinius sorgte in seinem Machtbereich für die ordentliche Durchführung des Befehls. Zwei mächtige Gestalten der Geschichte werden hier genannt - die ärmliche kleine Geburt in Bethlehem ist ein absolutes Randereignis in der großen politischen Weltlage. Das Interesse der Herrschenden im Geschehen ist ganz offensichtlich die Vermehrung des Steueraufkommens durch die Zählung – ein Motiv, das wir bis heute kennen. Die so genannten kleinen Leute im großen Römischen Reich müssen sich beugen, ihre Heimat verlassen, sie sind unterwegs über Täler und Berge zu den Orten ihrer Herkunft. Dass Josef und Maria von Nazareth nach Bethlehem gehen, ist Matthäus und Lukas in ihren Erzählungen besonders wichtig – historisch aber ist der

Geburtsort umstritten. Entscheidend für die Evangelisten ist, dass Bethlehem der Herkunftsort des großen Königs David war (so wird es in 1. Samuel 16,1 berichtet) und sie Jesus als Nachfahren Davids ansehen. Demnach gilt Josef also als biologischer Vater, denn das familiäre Herkommen wird in jener Zeit und in vielen Kulturen bis in unsere Tage nach dem Mann bestimmt. Außerdem verheißt der Prophet Micha (5,1) aus dem Alten Testament, dass der Messias aus Bethlehem kommen wird.

Die Heimat verlassen, vertrieben werden, aufbrechen müssen – das sind Motive, die in der Bibel immer wieder vorkommen. Schon Adam und Eva können nicht bleiben, im Paradies. Abraham und Sarah würden heute als Wirtschaftsflüchtlinge angesehen, eine Hungersnot vertreibt sie aus der Heimat. Joseph wird von seinen Brüdern aus Neid als Sklave in die Fremde verkauft, später folgen sie ihm, von der Not getrieben. Mose führt das Volk auf einen langen Weg aus der Sklaverei in die Freiheit und das verheißene Land. Die Babylonier zwingen die Oberschicht Israels nach Babel in die Zwangsarbeit, und die Israeliten sehnen sich zurück nach Jerusalem in die Heimat, wie sich sogar die aus Ägypten Befreiten zurückgesehnt hatten, trotz der Sklavenarbeit, nach der guten Versorgung dort, nach den „Fleischtöpfen". Heimat, der Ort, an dem Geborgenheit zu finden ist – die Sehnsucht danach teilen Menschen zu allen Zeiten und in allen Kulturen.

Wer die Heimat verlassen muss, ist leicht verwundbar. Ist angewiesen auf die Hilfe anderer, um das zum Leben Notwendige zu bekommen. Für jene, die in den Machtzentren der Welt sitzen, sind solche Menschen auf dem Weg eine Störung. Mir ist das Bild eines Mannes vor Augen, der über das Mittelmeer nach Europa zu kommen versucht. Italienische Grenzschützer zerren ihn aus dem Boot, um ihn zurück nach Libyen zu schicken, wo ihn Gefangenschaft und Folter erwarten. Ein verzweifelter Schrei um Hilfe, eine eindringliche Bitte um Beistand sind in seinem tränenüberströmten Gesicht zu lesen …

Wo die Mächtigen Menschen in Not nicht beistehen, tun es oft andere, die nicht viel mehr haben als die Bedürftigen selbst. Die Armen der Welt scheinen eher bereit zu sein, das Wenige, das sie besitzen, zu teilen, als die Reichen, deren Gier nach mehr sie an ihrem Besitz kleben lässt. So viel mehr haben sie zu verlieren … Die Bereitschaft zu teilen zeigen auf anrührende Weise ein Mann, der Feuerholz zur Krippe trägt, eine Familie, die Brot bringt, und ein Junge mit Eiern. Nicht Gold, Weihrauch und Myrrhe sind die Gaben für das Neugeborene, sondern was zum Überleben erst einmal unmittelbar notwendig ist. Die Menschen teilen und werden damit hineingenommen in einen Segenskreis von Geben und Empfangen. Wer geben kann, ist gesegnet, und wer auf andere angewiesen ist und annimmt, muss sich nicht schämen. Wenn Menschen so zusammen leben, begegnen sie sich auf Augenhöhe, ohne die Scham aufgrund von Bedürftigkeit, wie so viele sie erleben wohl gerade in einer wohlhabenden Gesellschaft. Sie werden ausgegrenzt und schämen sich dafür, haben das Gefühl, zu versagen, weil sie das Leben nicht meistern, nicht mithalten können, den Arbeitsplatz verloren haben, krank sind oder pflegebedürftig. In einer Gemeinschaft, wie Jesus sie als junger Mann ausmalen wird, gibt es keine Ausgegrenzten, alle sind eingeladen an den Tisch, um Brot und Wein zu teilen.

Mich erinnert dieses Bild an eine beschwingte Melodie aus Jamaika, zu der Doreen Potter den Text geschrieben hat: „Kommt mit Gaben und Lobgesang, jubelt laut und sagt fröhlich Dank!" (Evangelisches Gesangbuch 229). Wenn wir vor Gott treten, müssen wir nicht Geld bringen und uns übernehmen, sondern wir kommen so, wie wir sind, mit dem, was wir haben. Wie der Junge mit seinem Korb voller Eier.

Dabei ist eindrücklich: In diesem Bild wird nichts über Glauben erzählt, von einem Christusbekenntnis ist nicht die Rede. Hier freuen sich Menschen mit an der Geburt des Kindes und wollen die Eltern unterstützen. Männer, Frauen und Kinder machen sich auf den Weg, das Neugeborene zu sehen, eine bunte Vielfalt kommt zusammen. Sie freuen sich mit: ein gesundes Kind! Die Geburt ist „gut gegangen" – bist heute ist das keine Selbstverständlichkeit. Frauen, die in Armut gebären, sind gefährdet, Tausende sterben jedes Jahr, weil sie nicht ausreichend betreut werden oder die hygienischen Verhältnisse so schlecht sind.

Unter dem notdürftigen Dach beginnt ein neues Leben. Fremde Menschen freuen sich mit. In jeder Kultur, zu jeder Zeit und in jeder Religion ist die Geburt eines Kindes ein Grund zur Freude, für ein Fest. Vielleicht ist ja eine Geburt der allererste Anlass, interreligiös und interkulturell miteinander zu feiern und sich zu verständigen. Freunde und Fremde freuen sich mit, kommen, das Kind zu begrüßen, die Eltern zu beglückwünschen, versprechen Unterstützung. Diese Sprache des Lebens ist für alle verständlich!

Und auf den Bildern von John Swanson sind nicht nur Freunde und Fremde da bei der Geburt – auch Tiere gehören zum Alltag. Da sind Schafe und Kühe und Ochs und Esel. Die Tiere haben in den Krippendarstellungen erst etwas später ihren Platz gefunden. Doch in einigen Evangelien, die nicht in den Kanon der Bibel aufgenommen wurden, tauchen sie auf – im Kindheitsevangelium nach Thomas etwa oder im Pseudo-Matthäusevangelium. Dabei wird Bezug genommen auf einen Vers aus dem Buch des Propheten Jesaja aus dem Alten Testament (1,3): „Der Ochse kennt seinen Besitzer und der Esel die Krippe seines Herrn“: Beide Tiere stehen somit für die Treue zu Gott.

Eine frühe Wertschätzung der Schöpfung und aller Geschöpfe lässt sich daraus ablesen. Auch wenn Jesus selbst zu Tieren wenig sagt, die Vögel nennt er doch und dann auch die Lilien auf dem Felde – als Beispiele für Gottvertrauen. Schon in den Psalmen wird die Schöpfung gepriesen: „Du feuchtest die Bäume von oben her, du machst das Land voll Früchte, die du schaffest. Du lässest Gras wachsen für das Vieh und Saat zu Nutzen den Menschen, dass du Brot aus der Erde hervorbringst, dass der Wein erfreue des Menschen Herz und sein Antlitz schön werde vom Öl und das Brot des Menschen Herz stärke. … Herr, wie sind deine Werke so groß und viel! Du hast sie alle weise geordnet und die Erde ist voll deiner Güter." (Psalm 104, 13-15.24) Und im Mittelalter hat Franz von Assisi mit den Tieren geredet und in seinem berühmten Sonnengesang die Schöpfung gepriesen. Von „Bruder Sonne"

und „Schwester Mond“ spricht Franziskus, der Mensch und die nichtmenschlichen Geschöpfe rücken nahe zueinander. Der Mensch ist Teil der Schöpfung – das wird auch in Swansons Bildern sichtbar. Und viele Menschen spüren, wie ihr Glaube an Gott sich verbindet mit der Erfahrung der Natur beim Anblick von erhabenen Bergen, tosendem Meer, überwältigender Blütenpracht oder auch der vielfältigen Tierwelt.

Manches Mal hat sich die Theologie schwer damit getan, Gott in der Schöpfung zu sehen und die Schöpfung mit staunenden und dankbaren Augen wahrzunehmen. Zu groß war wohl die Angst, sie könnte als eine Art „Zusatzoffenbarung“ abseits der Bibel gesehen werden. Und manches Mal hat sich die Befürchtung ja auch bewahrheitet, etwa wenn Menschen meinten, die Natur sei die Quelle, in der Gott zu finden sei. Die Reformatoren haben darum die Konzentration auf das Wort Gottes betont und auf den Glauben, der aus dem Hören des Evangeliums kommt. Erst durch zwei Bewegungen änderte sich das im vergangenen Jahrhundert. Zum einen ging durch den Bericht des „Club of Rome“ 1974 über die Grenzen des Wachstums ein Erschrecken durch die westliche Welt. Konnte es sein, dass der Mensch dabei war, die Schöpfung zu zerstören? Muss nicht der Glaube an Gott, den Schöpfer, uns einen nachhaltigen Umgang mit der Natur, mit den Ressourcen des Planeten Erde lehren? Zum anderen drängte gerade auch durch Frauen in Theologie und Kirche die Sehnsucht an die Oberfläche, den Glauben zu erfahren: Es geht da nicht nur ums Hören, es geht auch ums Sehen, Tasten, Spüren, Schmecken. So ist eine Bewegung entstanden, die etwa durch das Pilgern Spiritualität neu entdeckt und damit eine sinnliche Wahrnehmung der Schöpfung als Teil unseres Glaubens.

Und auch sie finden wir wieder in diesem Teil der Geschichte: die Engel! Sie sehen das kleine Geschehen in Bethlehem aus ihrer himmlischen Perspektive. Sie jubeln über die Geburt dieses Kindes! Denn sie wissen bereits, was die Menschen auf der Erde erst nach und nach begreifen werden: Diese normale, ärmliche Geburt ist nicht wie alle anderen. Diese Geburt verändert alles. Das Kind in Marias Arm wird Gottes Botschaft von Liebe und Vertrauen in die Welt bringen. Dieses Kind trägt die Hoffnung in sich, dass der Tod kein hoffnungsloser Fall ist …

Wo Menschen Angst haben, voller Fragen an die Zukunft sind, mühselig und beladen von der Last des Lebens und des Alltags, können Engel tanzen und musizieren. Sie haben es leichter, weil sie das Ganze von oben betrachten, mit mehr Überblick über Zeit und Raum. Vielleicht sollten wir ab und zu versuchen, diese Perspektive auch einzunehmen, und die Erde wie vom Himmel aus betrachten. Wie sagte der Kirchenvater Aurelius Augustinus: „Oh Mensch, lerne tanzen, sonst wissen die Engel im Himmel mit dir nichts anzufangen.“ Wir dürfen also mittanzen mit den Engeln im Himmel aus Freude über diese Geburt!

DO NOT
AFRAID I BRING YOU GOOD NEWS

3. Die Hirten

Und es waren Hirten in derselben Gegend auf dem Felde bei den Hürden, die hüteten des Nachts ihre Herde. Und der Engel des Herrn trat zu ihnen, und die Klarheit des Herrn leuchtete um sie; und sie fürchteten sich sehr. Und der Engel sprach zu ihnen: Fürchtet euch nicht! Siehe, ich verkündige euch große Freude, die allem Volk widerfahren wird; denn euch ist heute der Heiland geboren, welcher ist Christus, der Herr, in der Stadt Davids. Und das habt zum Zeichen: Ihr werdet finden das Kind in Windeln gewickelt und in einer Krippe liegen. Und alsbald war da bei dem Engel die Menge der himmlischen Heerscharen, die lobten Gott und sprachen: Ehre sei Gott in der Höhe und Friede auf Erden bei den Menschen seines Wohlgefallens.

Und als die Engel von ihnen gen Himmel fuhren, sprachen die Hirten untereinander: Lasst uns nun gehen nach Bethlehem und die Geschichte sehen, die da geschehen ist, die uns der Herr kundgetan hat. Und sie kamen eilend und fanden beide, Maria und Josef, dazu das Kind in der Krippe liegen. Als sie es aber gesehen hatten, breiteten sie das Wort aus, das zu ihnen von diesem Kinde gesagt war. Und alle, vor die es kam, wunderten sich über das, was ihnen die Hirten gesagt hatten. Maria aber behielt alle diese Worte und bewegte sie in ihrem Herzen. Und die Hirten kehrten wieder um, priesen und lobten Gott für alles, was sie gehört und gesehen hatten, wie denn zu ihnen gesagt war.

Lukas 2,8-20

Dass die Nachricht von der Geburt des Gotteskindes zuerst zu den Hirten kommt – auch das stellt die Welt auf den Kopf. Es sind nicht die Mächtigen und Reichen, die Gott zuallererst einbezieht, so erzählt es Lukas; auch nicht besonders weise Männer wie bei Matthäus. Nein, bei Lukas sind die Randgestalten der Geschichte die Ersten. Sie müssen schwere Arbeit für wenig Lohn verrichten, sind schlecht angesehen in der Gesellschaft, vielleicht sind sie sogar Sklaven. Als Hirte stehst du in jener Zeit ganz unten auf der sozialen Werteskala, vielleicht wie Ein-Euro-Jobber heute oder die Verkäufer der Obdachlosenzeitungen in unseren Großstädten. Viele würden ihnen gewiss nicht die Hand reichen, sie niemals auf Augenhöhe anschauen. Aber Gott schaut sie an, er spricht sie an.

Und sie lassen sich ansprechen! Vielleicht sind gerade diejenigen, die nichts mehr zu verlieren haben, besonders empfänglich für Gottes Botschaft. Sie schauen auf, wenden ihr Gesicht zum Himmel, an dem es mitten in der Nacht plötzlich hell wird, „sie erheben ihre Häupter". An späterer Stelle in seinem Evangelium wird Lukas sagen, dass dieses Aufsehen, dass das Aufrichten der Niedergedrückten ein Zeichen für die Erlösung ist, die Gott uns zusagt (Lukas 21,28). Das wird das Leben Jesu auszeichnen: Er sieht Menschen an, und sie spüren, wie sie dadurch zu einer „angesehenen" Person werden. Sie können erhobenen Hauptes durch das Leben gehen.

Jesus wird sich sogar selbst als „guten Hirten" bezeichnen: „Ich bin der gute Hirte und kenne die Meinen, und die Meinen kennen mich" (Johannes 10,14). Das wird zu einem Bild, das bis heute eingängig ist, auch wenn viele Menschen in den Industrienationen gar keine Hirten mehr aus ihrem Alltag kennen. In Kirchengemeinden ist das Bild oft nicht ganz so beliebt, Schafe erscheinen da etwas blöde, weil sie einfach jemandem hinterherlaufen. Wer will schon als Schaf bezeichnet werden. Dreierlei aber ist bis heute faszinierend für das Bild:

Zum einen kümmert sich der Hirte im besten Sinne um die Schafe. In einem Gleichnis wird Jesus davon erzählen, dass Gott auch noch das letzte verlorene Schaf sucht. Der Einzelne ist im Blick.

Und dann folgen Schafe gar nicht einfach so jedem beliebigen Menschen. Sie kennen in der Tat ihren Hirten. So ist zu beobachten, dass verschiedene Schafherden zwar gemeinsam lagern mögen; wenn aber morgens der Hirte seinen Ton von sich gibt und seine Schafe ruft, wissen sie genau, wem sie folgen. Sie laufen nicht dem Nächstbesten hinterher. Das ist ein gutes Bild für Christinnen und Christen. Es gilt, die Töne zu kennen, die sie rufen; den Geist, der bestimmen soll, zu unterscheiden von andern Geistern, die sich auch gerne breitmachen. Etwa in der Zeit des Nationalsozialismus: Wem folgen wir? Dem Ungeist der Barbarei oder Gott, der allen Menschen gleiche Würde zusagt?

Und schließlich hat in der ganzen Welt der bekannte Psalm 23 bis heute Menschen getröstet; „Der Herr ist mein Hirte, mir wird nichts mangeln", so heißt er in Martin Luthers Übersetzung. Etwa der Vers: „Du bereitest mir einen Tisch im Angesicht meiner Feinde …" oder: „Und ob ich schon wanderte im finstern Tal, fürchte ich kein Unglück …" – da weiß ein Betender von Feinden und Anfechtung, von Leid und Kummer, aber das Gottvertrauen hält und trägt ihn.

Nicht nur die Menschen, ja sogar die Schafe schauen in Swansons Bild in Richtung Himmel. Sie spüren offenbar auch, dass etwas Besonderes geschieht – ein Schauspiel, das mitreißt und fasziniert. Für die ganze Schöpfung wird gesagt: Veränderung ist geschehen! Der Apostel Paulus wird später davon schreiben, dass sich nicht nur die Armen und Benachteiligten nach Erlösung sehnen, sondern die ganze Schöpfung mit ihnen: „Die Schöpfung ist ja unterworfen der Vergänglichkeit … doch auf Hoffnung; denn auch die Schöpfung wird frei werden von der Knechtschaft der Vergänglichkeit zu der herrlichen Freiheit der Kinder Gottes. Denn wir wissen, dass die ganze Schöpfung bis zu diesem Augenblick mit uns seufzt und sich ängstet." (Römer 8,20-22) In diesem Sinne ist es konsequent, dass auch die Schafe zum Himmel schauen. Auch sie sehnen sich nach Erlösung.

Vielleicht ist das heute noch offensichtlicher als zur Zeit der Geburt Jesu. Wer einmal mit offenen Augen die Ställe der Massentierhaltung gesehen hat, Schweine, die eingeengt aufwachsen, ohne je Tageslicht zu sehen, gezüchtet zur schnellen Mast und mit Antibiotika verseucht genau wie die Hühner, die auf engstem Raum als Eierlegemaschinen missbraucht werden, erfährt und spürt dieses Mit-Seufzen der Kreatur. Da sind Tiere nicht Mitgeschöpfe, sondern werden zu Industrieprodukten gemacht.

All dies ist auf den Bildern von John Swanson schon in der Geschichte von der Geburt Jesu zu erkennen. Der Maler zeigt, was diese Nacht unterscheidet von allen anderen Nächten, warum diese ärmliche Geburt die Welt verändert: Gott bleibt nicht fern im Himmel, sondern wendet sich der Erde, der Kreatur, den Menschen zu. Und Gott tut das mit einer Radikalität, die nicht zu überbieten ist: Gott selbst wird Mensch!

Als vor einigen Jahren eine neue Übersetzung der Bibel erschien, die Bibel in gerechter Sprache, wurde von vielen besonders kritisiert, dass sie versucht, eine inklusive Sprache zu sprechen und die in den biblischen Erzählungen oft „mit gemeinten" Frauen sichtbar und hörbar zu machen. So übersetzt sie Lukas 2 Vers, 1: „In jener Gegend gab es auch Hirten und Hirtinnen, die draußen lebten und über ihre Herde in der Nacht wachten." Viele lästerten, „Hirtinnen" habe es gewiss nicht gegeben. Und doch legen der Kontext und unser Wissen über diese Zeit nahe, dass Männer diese Arbeit nicht allein taten, sondern Frauen genauso dabei waren, kochten, die Schafe mit versorgten, schlicht Teil des Lebens waren. Das Hirtenleben war keine Männerdomäne. Und ist es auch heute nicht. Ein Mann schrieb mir: „Ich war oft bei den Beduinen in Jordanien. Und in der Tat, seit Generationen weiden mehrheitlich Mädchen und Frauen die Schafe und Ziegen. Sie gehen mit ihnen. Sie hüten – behüten. Das Bild vom Mann als Hirten ist eine Vorstellung aus der Romantik – auch eher europäisch gedacht." Zudem: An vielen Stellen der Bibel, an denen männliche Bezeichnungen stehen und wir deswegen schnell nur Männer vor Augen haben, sind die Frauen und auch die Kinder mit gemeint. Sie waren und sind natürlich Teil des Alltags und der Arbeit, auch auf dem Feld, auch beim Bewachen der Herden. Swanson führt uns das bildlich vor Augen.

Was mag sie denken, diese Frau. Eine Geburt soll etwas Besonderes sein? Gebären ist doch Alltag im Frauenleben zu jeder Zeit und in allen Lebensverhältnissen. Diese Frau schaut nicht nach oben wie die anderen. Zu gebeugt ist sie vielleicht, um noch Neues zu erwarten für sich und ihr Leben. Es reicht ihr, zu überleben. Sie ist erschöpft, hat keine Kraft mehr, zu hoffen. Müde ist sie von diesem Leben am Rande der Gesellschaft ohne Perspektive. Sie ist nicht nur in der Armut gefangen, sondern in der Armut auch noch eine Dienerin der Männer. Ein Leben ohne Rechte, was gibt es da noch zu hoffen? Die Erfahrung hat sie nicht hoffen gelehrt. Sie sitzt dort abgewandt, eingehüllt in ihr Tuch, die Arme fest um sich geschlungen, und versucht, an dem kleinen Feuer ein wenig Wärme zu finden. Eine Frau, die für viele steht durch die Jahrhunderte bis in unser 21., weil sie erniedrigt, gedemütigt, vergewaltigt die Hoffnung aufgegeben haben. Wie bitter, dass Frauen das noch immer erleben …

Jesus wird sich später gerade auch diesen Frauen zuwenden. Einmal kommt er dazu, als eine hingerichtet werden soll, gesteinigt von der Gemeinschaft, weil sie beim Ehebruch ertappt worden war. Und er sagt: Wer unter euch, die ihr sie so klar verurteilt, ohne Sünde ist, der soll den ersten Stein werfen. Die Menge zerstreut sich (Johannes 8,7). Eine andere, die wegen ihrer Blutungen als unrein gilt, berührt ihn, weil sie sich von seiner Kraft Heilung erhofft – und er schickt sie nicht weg (Matthäus 9,20). Er urteilt nicht, nimmt nicht einen moralisch überheblichen Standpunkt ein, sondern sieht den Menschen mit all den Sorgen und Nöten; mit der Angst vor Verurteilung; mitsamt der Abwege, auf die jeder und jede geraten kann. Jesus begegnet Frauen auf Augenhöhe und richtet sie damit auf, das haben sie immer wieder gespürt. Und so gehörten Frauen durch die Zeiten zu den Treuesten in der Nachfolge. Es sind Frauen, die am Ostermorgen zuallererst mit der Nachricht betraut werden, dass er auferstanden ist und den Tod überwunden hat. Und Frauen werden es sein, die die Kirche tragen durch die Zeiten.

Leider haben die Kirchen Frauen allerdings allzu oft nicht aufgerichtet. Anders als Jesus haben sie Frauen moralisch verurteilt, über sie gerichtet, sie „eingeteilt" in „reine Jungfrauen" nach der zum Vorbild stilisierten Maria und der zum Gegenteil gemachten „sündigen" Eva. Bis ins 20. Jahrhundert wurden sie ausgeschlossen von den Ämtern der Kirche, in vielen Kirchen der Welt sind sie es bis heute. Und selbst der Apostel Paulus, der erkannte, dass „in Christus alle einer sind" und „nicht mehr männlich noch weiblich" (Galater 3,28), erklärt in einem anderen Brief: „… sollen die Frauen schweigen in der Gemeindeversammlung; denn es ist ihnen nicht gestattet zu reden, sondern sie sollen sich unterordnen, wie auch das Gesetz sagt" (1. Korinther 14,34). Dieser eine kleine Satz wurde in der Geschichte der Kirche immer wieder mit großem Pathos gegen alles gestellt, was Jesus selbst durch sein Leben und Handeln als Haltung gezeigt hat.

Ja, sie schaut desinteressiert, jene Frau. Sie erhofft sich nichts mehr. Aber die Botschaft ist für sie bestimmt, sie gilt auch ihr! Das haben Frauen immer wieder gespürt, begriffen und erlebt, zu allen Zeiten. Und sie haben sich von ihr aufrichten lassen, auch wenn die Kirche als Institution ihnen dabei nicht den Rücken gestärkt hat.

An anderen Menschen und Schafen geht das Geschehen in Swansons Bild ganz und gar vorbei. Das entspricht der Wahrnehmung des Evangelisten Lukas. Immer wieder macht er deutlich, dass Menschen nicht gezwungen werden können, Gott zu erkennen und ihm in ihrem Leben Raum zu geben, ihr Leben zu ändern. Manche, wie der reiche junge Mann, verzagen daran, dass sie sich nicht frei machen können von Besitz und Geld (Lukas 18,18-27). Andere begreifen nicht, wie sehr Glaube ihrem Leben Sinn und Halt geben kann, es fällt ihnen schwer, zu vertrauen. Und wieder andere verschlafen die Zusage Gottes schlicht. Das gilt offensichtlich ganz besonders in der säkularisierten Gesellschaft unserer Zeit.

Darin steckt ja auch eine gewisse Heiterkeit. Da passiert etwas absolut Entscheidendes, und ein Mann sowie einige

Schafe verpassen es schlicht und ergreifend. Der Himmel öffnet sich, aber er kriegt die Augen nicht auf. Ob er später denken wird: Wenn ich das geahnt hätte? Und warum wecken ihn die anderen eigentlich nicht? Sind sie zu sehr mit sich selbst beschäftigt und überwältigt von diesem Unglaublichen? Oder sie kennen ihn zu gut und sagen sich: Das interessiert ihn sowieso nicht, der ist völlig abgeklärt.

Heute verschlafen die Menschen die Nähe und Zusage Gottes wohl weniger, als dass sie ihnen gleichgültig erscheint. Ihr Leben verfliegt mit Schaffen und Beschäftigung, vor dem Bildschirm, ob Fernseher oder Computer, ob Arbeit oder Freizeit, und sie begreifen nicht, dass der Sinn des Lebens dort nicht zu finden ist, dass sich seine Tiefe nicht auf der Mattscheibe erschließt – und sei sie noch so brillant.

Es ist nicht nur unendlich traurig, sondern geradezu tragisch, wenn Menschen erst am Ende ihres Lebens begreifen, dass es unwiederbringlich ist. Dass diese geschenkte Zeit, die wir nutzen können und sollen für ein bewusstes Leben, einmalig ist und vergänglich. Oft wird am Grab deutlich, wie hohl und banal Worte klingen, wenn sie die übliche oberflächliche Betroffenheit ausdrücken.

Wo wir uns aber auf Worte verlassen, die größer sind als wir selbst, die Menschen seit Jahrtausenden trösten und tragen, die gefüllt sind vom Glauben der Generationen vor uns, gibt das Halt und Kraft. Es ist eine Herausforderung für unser Leben, innezuhalten, Klicks und Kicks abzuschalten und zuzulassen, dass wir Gottes Stimme hören in unserem Leben.

Wege zum Glauben können wir finden, weil wir hineinwachsen, weil unsere Eltern und Großeltern oder Erzieher und Lehrerinnen in Kindertagesstätte und Schule uns biblische Geschichten erzählt haben, Lieder mit uns gesungen, mit uns gebetet und uns christliche Rituale gelehrt haben. Schwerer ist manches Mal der ganz eigene Weg zum Glauben als Erwachsener. Dazu braucht es eigenes Fragen und Suchen, Neugier und Offenheit. Und ja, in der Tat, auch Wachsein gehört dazu. Gott lässt sich nicht beweisen. Dass dieses Kind in der Krippe damals ein besonderes war, lässt sich nicht dokumentieren. Die Evangelien und die Geschichte aber zeigen, dass viele in der Begegnung mit ihm eine Erfahrung gemacht haben, die ihr Leben verändert hat. Insofern ist Glaube ein Geschenk. Die Frage ist, ob wir es annehmen.

Aber auch die müssen respektiert werden, denen Glaube nichts sagt. Eine Abwertung derer, die im säkularisierten Zeitalter ohne Religion aufwachsen und die ihr Leben ohne den Glauben für sich sinnvoll leben, kann sich nicht auf Jesus von Nazareth berufen. Er hat zum Glauben gerufen – aber nicht verurteilt, wenn der Ruf nicht gehört oder angenommen wurde. Als der reiche junge Mann nicht die Kraft und innere Freiheit findet, ihm nachzufolgen, und „unmutig" und „traurig" davongeht, heißt es im Markusevangelium: „Und Jesus sah um sich und sprach zu seinen Jüngern: Wie schwer werden die Reichen in das Reich Gottes kommen!" (Markus 10,23). Da ist mehr Bedauern und Mitgefühl zu spüren als Vorwurf.

Die Botschaft der Engel gibt uns Swanson schriftlich: Fürchtet euch nicht! Das ist die Visitenkarte Gottes für die Welt: Habt keine Angst. Ich bin bei euch alle Tage. Auch wenn ihr erniedrigt werdet, wenn ihr euch nicht entfalten könnt, wenn euer Leben scheitert oder Krankheit euch heimsucht: Ich bin bei euch. Auch wenn Krieg euer Leben zerstört, Leid und Tod euch bedrücken, ihr keinen Ausweg mehr seht: Fürchtet euch nicht!

Über allem, was auf dieser Welt geschieht, steht diese Nachricht. Sie setzt sozusagen ein Plus vor die Klammer des Weltgeschehens. Auch wenn wir vieles nicht begreifen: Gott will uns beistehen. Gott schickt nicht Leid und Krankheit, sondern Gott will uns die Kraft geben, Krankheit und Leid – unser „Kreuz" – zu tragen. Wir können uns Gott anvertrauen, weil Jesus der Mensch einen leidvollen Weg gegangen ist. Dieses Gotteskind wird als erwachsener junger Mann selbst am eigenen Leib erfahren, was es heißt, verraten und erniedrigt zu werden, gedemütigt zu sein, leiden und sterben zu müssen. Über all dem steht diese Botschaft: Fürchtet euch nicht!

Am Ende der Passage finden die Hirtinnen und Hirten den Mut, loszugehen und zu schauen, ob etwas dran ist an der Botschaft der Engel. Sie nehmen die erstaunliche Himmelserscheinung also ernst! Dazu gehört schon Mut, sie könnten sich ja lächerlich machen! Und tatsächlich finden sie Vater, Mutter und Kind. Ja, sie sind es, die den Eltern erst erzählen, was diese Geburt bedeutet. Sie sind die ersten Botschafterinnen und Botschafter, die die gute Nachricht weitergeben: Mit der Geburt dieses Kindes bricht etwas völlig Neues an in dieser Welt. Selig sind nun nicht mehr die Erfolgreichen, Durchsetzungsfähigen und Mächtigen, sondern diejenigen, die reinen Herzens sind, die Friedfertigen, die Menschen, die eine Sehnsucht haben nach Gerechtigkeit auf Erden.

Es folgt einer der schönsten Verse der Geburtsgeschichte: „Maria aber behielt alle diese Worte und bewegte sie in ihrem Herzen." Ob sie zusammenfügt in ihrem Herzen, was sie selbst als Gottes Botschaft wahrgenommen hat, als sie schwanger wurde? Sie saugt geradezu auf, was andere über ihr Kind berichten. Sie will verstehen. Und die Liebe zu diesem Kind wird überströmen, so, wie es nahezu jede Mutter erlebt, wenn sie nach der Schwangerschaft und den Mühen der Geburt dieses neue Leben in den Armen hält, das in ihr gewachsen ist. Ein Wunder. Damals. Heute. Und immer wieder.

Was sie am Anfang im Herzen bewegt, wird Maria mitnehmen in das bewegte Leben ihres Sohnes, den sie begleiten wird bis zu seinem Tod und darüber hinaus. Vielleicht erinnert sie sich manches Mal an die merkwürdigen Gestalten, die gekommen sind, angefangen von dem Engel in Nazareth, noch bevor sie schwanger war. Und nach der Geburt dann die Fremden mit Eiern, Brot und Feuerholz. Schließlich die Hirten, die so eindrücklich vom Gesang vom Himmel erzählten, der sich wie Musik über die Geburtserfahrung legte: „Ehre sei Gott in der Höhe und Friede auf Erden!"

4. Die Weisen aus dem Morgenland

Als Jesus geboren war in Bethlehem in Judäa zur Zeit des Königs Herodes, siehe, da kamen Weise aus dem Morgenland nach Jerusalem und sprachen: Wo ist der neugeborene König der Juden? Wir haben seinen Stern gesehen im Morgenland und sind gekommen, ihn anzubeten. Als das der König Herodes hörte, erschrak er und mit ihm ganz Jerusalem, und er ließ zusammenkommen alle Hohenpriester und Schriftgelehrten des Volkes und erforschte von ihnen, wo der Christus geboren werden sollte. Und sie sagten ihm: In Bethlehem in Judäa; denn so steht geschrieben durch den Propheten (Micha 5,1): »Und du, Bethlehem im jüdischen Lande, bist keineswegs die kleinste unter den Städten in Juda; denn aus dir wird kommen der Fürst, der mein Volk Israel weiden soll.« Da rief Herodes die Weisen heimlich zu sich und erkundete genau von ihnen, wann der Stern erschienen wäre, und schickte sie nach Bethlehem und sprach: Zieht hin und forscht fleißig nach dem Kindlein; und wenn ihr's findet, so sagt mir's wieder, dass auch ich komme und es anbete.

Als sie nun den König gehört hatten, zogen sie hin. Und siehe, der Stern, den sie im Morgenland gesehen hatten, ging vor ihnen her, bis er über dem Ort stand, wo das Kindlein war. Als sie den Stern sahen, wurden sie hocherfreut und gingen in das Haus und fanden das Kindlein mit Maria, seiner Mutter, und fielen nieder und beteten es an und taten ihre Schätze auf und schenkten ihm Gold, Weihrauch und Myrrhe. Und Gott befahl ihnen im Traum, nicht wieder zu Herodes zurückzukehren; und sie zogen auf einem andern Weg wieder in ihr Land.

Matthäus 2,1-12

Drei Männer brechen auf. Nicht zu einer Glaubensreise, nein. Es ist wohl eher wissenschaftliche Neugier, die sie treibt. Wer die drei „Weisen“ oder „Magier“ waren, von denen Matthäus erzählt, ist nicht so ganz deutlich. Für ihn ist wohl wichtig, dass sie aus der nichtjüdischen Welt kommen. Sie kommen aus der Ferne, weil sie einen Stern gesehen haben. Dass eine kosmische Veränderung, ein Stern, eine Himmelskonstellation irdische Veränderungen anzeigt, ist zu jener Zeit nicht ungewöhnlich. Es könnten persische oder chaldäische Sterndeuter sein, an die Matthäus denkt. So macht er deutlich: Die Geburt dieses Kindes spielt nicht nur in einer Ecke der römischen Provinz eine Rolle.

John Swanson zeigt uns diese Männer als Forschende, als Suchende. Sie schauen zum Himmel, analysieren nach den Maßstäben ihrer Zeit und Kunst, was geschehen ist und wo der Ort zu finden ist, auf den die Himmelserscheinung hinweist.

Nicht so ganz deutlich auf Swansons Bild und darum vielleicht etwas verwirrend ist, dass die Drei nicht so recht zu identifizieren sind. Es sind da so viele auf einem Weg. Bei Zweien von ihnen könnte die Kopfbedeckung eine Krone sein. Und in der Tat: Zu Königen werden die Männer der Erzählung, als alte Verheißungen mit ihnen in Verbindung gebracht werden. So heißt es in Psalm 72,10 mit Blick auf den kommenden Friedefürsten: „Die Könige von Tarsis und auf den Inseln sollen Geschenke bringen, die Könige aus Saba und Scheba sollen Gaben senden." Und im Buch des Propheten Jesaja steht (Kapitel 60), dass die Verheißung der Zukunft Zions dadurch sichtbar wird, dass Heiden und Könige dorthin ziehen und Geschenke wie Gold und Weihrauch zum Lob Gottes mitbringen. So wurde die Geburt dieses besonderen Kindes mit den alten Texten gedeutet.

Auch dass es drei waren, die da gekommen sind, wird bei Matthäus so nicht gesagt. Die Zahl Drei wird erstmals beim Kirchenvater Origenes im 3. Jahrhundert erwähnt, abgeleitet von den drei Geschenken: Gold, Weihrauch und Myrrhe. Dabei steht Gold als standesgemäßes Geschenk für einen König, Myrrhe für Jesus als von Gott gesandten Arzt, für den Heiland, der Heil bringt zu den Menschen, und Weihrauch für den Hohepriester, der Jesus für Israel ist.

Entscheidend ist: hier verneigen sich anerkannte und gestandene Männer vor einem Säugling! Die Gelehrten, die Weisen aus den kulturellen Zentren ihrer Welt gehen vor dem Wunder dieser Geburt in die Knie. Sie erkennen: Hier ist etwas weltbewegend Besonderes geschehen, das sie mit all ihrer Weisheit nicht erfassen können. In gewisser Weise stehen sie auch für all die Theologinnen und Theologen, die sich bemühen zu begreifen, wer Jesus ist. Die mit ihrer Exegese in den Schriften forschen, mit den Überlegungen der Dogmatik nachdenken und versuchen, sich anzunähern, die analysieren und erklären wollen. Am Ende können auch sie nur im Glauben in die Knie gehen. Sie werden Jesus von Nazareth und den auferstandenen Christus mit den Maßstäben der Wissenschaft nie ganz fassen. Gut, dass Theologie Wissenschaft ist, ja! Es ist wichtig zu erforschen, zu suchen, zu fragen, historisch-kritische Exegese zu betreiben und so unser Wissen zu erweitern. Einen Gottesbeweis wird aber niemand je wissenschaftlich erbringen können. Das Geschehen dieser Geburt, das Leiden am Kreuz und die Auferstehung von den Toten, sie bleiben Geheimnis des Glaubens.

Ob die Weisen das begreifen, als sie das Neugeborene finden unter diesen erbärmlichen Umständen? Sie hätten ja auch umkehren können und sich sagen: Das war eine Fehleinschätzung! Das war es ja wohl nicht, was die Sterne uns zeigen wollten. Es kann doch nicht sein, dass in dieser Normalität von Elend und Geburt, wie wir sie allüberall in der Welt haben, etwas Besonderes zu erkennen ist. Es war ein Irrtum, lasst uns schnellstmöglich verschwinden. Aber nein: Offenbar sehen und begreifen sie etwas, was ihr großes Wissen und ihre Weisheit übersteigt. Sie haben die Zeichen der Sterne richtig gedeutet. Und so stehen die Magier auf dem Weg und im Stall in gewisser Weise für das Verhältnis von Glaube und Wissenschaft.

Die Geschenke der Magier sind auf Swansons Bildern nicht so sehr im Vordergrund. Wer aber auf die Suche geht, wird sie finden – und zwar in den Satteltaschen, diesem ganz kleinen Bilddetail. Hier zeigt sich, dass Swanson Humor hat. Der Inhalt der Tasche ist ein rechtes Sammelsurium, fast wie in einer Damenhandtasche! Schlüssel, ein Löwe, Fisch, alles Symbole und Zeichen, die wir interpretieren können. Sie haben viel mitgenommen auf ihre weite Reise, sogar ihre Hunde sind dabei. Ein sympathisches Detail, finde ich. Mit Hunden bin ich aufgewachsen, zwei haben mein Leben geprägt – wer sich auf eine lange Reise macht, wird den Hund mitnehmen, wenn es möglich ist. Auch hier zeigt Swanson: Wenn

Menschen sich auf den Weg machen, bringen sie sich ganz und gar ein, so, wie sie sind, und mit dem, was sie haben. Zur Krippe gehe ich nicht mit einem Koffer oder einem Rucksack, sondern als Mensch mit meinem ganzen Leben. Sich dahin aufzumachen ist kein Kurzurlaub, sondern eine Lebensreise.

In meinem Lieblingsweihnachtslied, das Johann Sebastian Bach vertont hat, dichtet Paul Gerhardt: „Ich steh' an deiner Krippen hier, o Jesu, du mein Leben; ich komme, bring' und schenke dir, was du mir hast gegeben. Nimm hin, es ist mein Geist und Sinn, Herz, Seel und Mut, nimm alles hin und lass' dir's wohlgefallen." Damit drückt er in der Sprache des 17. Jahrhunderts aus, was viele von uns nachempfinden können. Weihnachten stehe ich da mit meinem ganzen Leben. Ich erinnere mich an die Weihnachten meiner Kindheit, mit den Eltern. Vielleicht denke ich an einsame Weihnachten zurück, etwa nach dem Verlust eines lieben Menschen. Oder an Festtage mit einer großen Liebe. Und genau so stehe ich auch dieses Jahr im Weihnachtsgottesdienst, in der Gemeinschaft der Feiernden und dabei auch allein und ganz und mit allem, was mich bedrückt und freut, was mir Last ist im Leben und was mich glücklich macht.

Es ist merkwürdig, wie dieses Fest der Geburt des Kindes Menschen berührt. Dabei ist ja deutlich: Die Geburt ist gar nicht so entscheidend. Für den Glauben sind Karfreitag und Ostersonntag Dreh- und Angelpunkt, und erst nach der Erfahrung von Ostern sind die Geschichten von Jesus von Anfang an, samt der elenden und wunderbaren Geburt, in Erinnerung gekommen und aufgeschrieben worden.

Offenbar bringt für uns der Anblick der Krippenszene elementare Lebenserfahrungen an die Oberfläche. Die Sehnsucht nach Liebe und Geborgenheit. Die Erinnerung, Zurückweisung und Erniedrigung erlebt zu haben. Das Unterwegssein, die Suche nach dem Stern, der uns den rechten Weg weist im Leben …

Wer sind sie nun also, diese geheimnisvollen Männer? Das bleibt rätselhaft. Bald bilden sich viele Legenden um sie. Ab dem 6. Jahrhundert tauchen die Namen auf: Caspar, Melchior und Balthasar. Im 12. Jahrhundert stehen sie für die drei damals bekannten Kontinente Europa, Asien und Afrika, und darum erhält einer von ihnen auf Bildern eine dunkle Hautfarbe. Bei Swanson sind es Männer, die nicht zu Fuß unterwegs sind, sondern auf Pferd oder Kamel daherkommen. Sie können nicht ganz arm sein, offensichtlich haben sie Diener, die ihre Lasttiere führen.

Auf jeden Fall sind es Menschen auf einem weiten Weg, Menschen auf der Suche. Nach Erkenntnis, nach Neuem, vielleicht auch nach dem Sinn des Lebens, nach einem Wunder. Oder Gelehrte, die forschen wollen, erforschen, was sich als Besonderheit abzeichnet. Sie haben etwas gesehen, ein Phänomen entdeckt, und möchten wissen, was es bedeutet. So normal und elend diese Geburt, so außergewöhnlich sind die Zeichen des Himmels, die sie begleiten. Bezeichnend ist, dass die Magier sich nicht jeder für sich und allein auf den Weg gemacht haben. Sie haben sich zusammengefunden, tauschen sich aus auf dem Weg, teilen ihr Wissen und ihre Vermutungen miteinander, wollen begreifen, was da vor sich geht. Sie sind eine Reisegruppe, eine Forschungsgruppe.

Jesus wird später seine Jüngerinnen und Jünger auch nicht allein auf den Weg schicken, sondern zumindest zu zweit (Lukas 10,1). Gemeinschaft ist von Anfang an ein Merkmal des christlichen Glaubens. So wie die Hirten und die Weisen gemeinsam kommen, so lädt Jesus später die Gelehrten und die Zöllner, die Frauen und die Männer an einen Tisch. Das Teilen von Brot und Wein wird zum Kennzeichen für diejenigen, die ihm nachfolgen, bis heute – zu seinem Gedächtnis.

Das heißt nicht, dass Individualität ausgeschlossen ist. Für die Gemeinschaft ist der Einzelne wichtig. Martin Luther hat zum Beispiel darauf bestanden, dass der einzelne Mensch in der Bibel lesen kann und soll, forschen und fragen darf, und dass es auf den Einzelnen ankommt und er Verantwortung hat und mit seinem Gewissen einsteht. Martin Luther selbst stand ja vor den Mächtigen der Welt mit dieser Haltung: „Ich stehe hier, ich kann nicht anders, Gott helfe mir. Amen.“ Das ist ein Zeichen für persönliche Glaubensüberzeugung, die sich nicht durch Dogmen oder Verordnungen bestimmen lässt, die sich an die Bibel und das Gewissen bindet.

Auch die Weisen in ihrer Forschergruppe tragen sehr individuelle Züge. Da ist einer, der seine ganz eigenen Schriften studiert, die Füße auf ein kleines Polster gestützt. Er hat offensichtlich einen Pfau dabei – sein persönliches Haustier? Wie deutlich, dass Swanson Freude an den Gestalten hat und sie mit einer gewissen inneren Fröhlichkeit malt.

In den Gottesdiensten und ihrer Liturgie und in der Abfolge im Kirchenjahr wird der 6. Januar für die westlichen Kirchen als Dreikönigstag zum Epiphaniasfest, die östlich-orthodoxen Kirchen feiern am 6. Januar das Weihnachtsfest selbst. „Epiphanie“ meint Erscheinen, Gott erscheint unter den Menschen, und gefeiert wird, dass die Göttlichkeit Jesu erkennbar wird: in der Anbetung durch die Magier, für andere deutlicher durch seine Taufe im Jordan (Markus 1,9) oder auch das Weinwunder bei der Hochzeit zu Kanaa (Johannes 2,1ff.).

Für die Suchenden der Reise-Forschergruppe wird klar: Jesus ist ein ganz besonderes Kind. Dass sie klug – eben: weise – sind, zeigt sich nicht nur an ihrer Sternenforschung, sondern auch an ihrem Umgang mit der Macht. Als ihnen ein Stern den Weg zu einem Königskind weist, gehen sie logischerweise zunächst zum König, in die Hauptstadt. Und der mächtige und brutale Herrscher Herodes nimmt sie ernst. Er lässt seinerseits seine Hof-Gelehrten die heiligen Schriften befragen, worauf dieses Himmelszeichen hinweisen könnte. Und in der Tat, beim Propheten Micha werden sie fündig, er weist auf Bethlehem als Geburtsstätte eines neuen Königs: „Und du, Bethlehem Ephrata, die du klein bist unter den Städten Judas, aus dir soll mir der kommen, der in Israel Herr sei“ (5,1).

Dass Herodes den Weisen diese Nachricht „heimlich“ weitergibt, ist interessant. Hat er, der Mächtige, er, der so grausam das jüdische Volk unterdrückt, Angst, dass da tatsächlich ein legitimer König der Juden geboren sein könnte? Lässt ihn da wirklich ein Neugeborenes um seine Macht fürchten? Listig kommt er sich wohl vor, als er den Männern erklärt, sie sollten auf ihrem Rückweg bei ihm vorbeikommen, er wolle das Kind dann auch anbeten gehen. Doch das ist den Weisen schnell klar: Sie werden das Kind dem Herrscher nicht schutzlos ausliefern. Als Traum, den Gott ihnen schickt, beschreibt Matthäus diese Erkenntnis.

Christlicher Glaube scheint eine Gefährdung der Staatsmacht darzustellen – das hat sich in verschiedensten Konstellationen quer durch die Jahrhunderte immer wieder gezeigt. Angefangen mit dem Römischen Reich bis hin zur Nazidiktatur und Stalins Terrorregime im 20. Jahrhundert oder bis heute in der Volksrepublik China. Der Gedanke von der Freiheit eines Christenmenschen, dessen Gewissen niemandem untertan ist, wie Martin Luther ihn formuliert hat, ist ganz offensichtlich eine Anfrage an die autoritären Regimes dieser Welt, und sie tun alles, diesen Gedanken zu unterdrücken, auszurotten, zu verfolgen! Dass ein ärmlich geborener Säugling einen Herrscher mit allen Insignien militärischer Macht in Frage stellt, erscheint auf den ersten Blick lächerlich. Herodes selbst aber scheint etwas zu ahnen von der Begrenztheit seiner Macht. Unrecht mag eine Zeitlang siegen, aber nicht auf Dauer. Selbst ein vermeintlich „Tausendjähriges Reich“, das Angst, Schrecken und Vernichtung mit sich brachte, währte am Ende nur zwölf Jahre. Eine Mauer mit ihrem Todesstreifen, die so unüberwindbar schien, zerbröselte durch die Kraft von Kerzen und Gebeten.

In der Tat hat das Kind in der Krippe wie der sterbende Mann am Kreuz am Ende eine stärkere Macht entfaltet in der Geschichte der letzten 2000 Jahre, als alle die Terrorregimes der Welt es konnten. Und selbst da, wo die Kirche mit autoritärer Gewaltmacht paktierte, konnte sie das Friedenszeugnis nicht unterdrücken, das immer wieder an die Oberfläche drängte – wie Löwenzahn, der die Teerdecke durchbricht.

Dass am „Dreikönigstag“ gesungen und gesegnet wird, die Sternsingertradition, entsteht erst im 20. Jahrhundert. Als Magier oder Könige verkleidet, ziehen Kinder singend von Haus zu Haus und schreiben ein „C+M+B“ als Segenszeichen auf die Türen. Dies steht allerdings nicht für „Caspar, Melchior und Balthasar“, sondern für: *Christus mansionem benedicat,* Christus segne dieses Haus. Segen bringen sie also, die drei Weisen, so wie sie Jesus Geschenke brachten.

5. Im Tempel

Und als acht Tage um waren und man das Kind beschneiden musste, gab man ihm den Namen Jesus, wie er genannt war von dem Engel, ehe er im Mutterleib empfangen war. Und als die Tage ihrer Reinigung nach dem Gesetz des Mose um waren, brachten sie ihn nach Jerusalem, um ihn dem Herrn darzustellen, wie geschrieben steht im Gesetz des Herrn (2. Mose 13,2; 13,15): »Alles Männliche, das zuerst den Mutterschoß durchbricht, soll dem Herrn geheiligt heißen«, und um das Opfer darzubringen, wie es gesagt ist im Gesetz des Herrn: »ein Paar Turteltauben oder zwei junge Tauben« (3. Mose 12,6-8).

Und siehe, ein Mann war in Jerusalem, mit Namen Simeon; und dieser Mann war fromm und gottesfürchtig und wartete auf den Trost Israels, und der Heilige Geist war mit ihm. Und ihm war ein Wort zuteil geworden von dem Heiligen Geist, er solle den Tod nicht sehen, er habe denn zuvor den Christus des Herrn gesehen. Und er kam auf Anregen des Geistes in den Tempel. Und als die Eltern das Kind Jesus in den Tempel brachten, um mit ihm zu tun, wie es Brauch ist nach dem Gesetz, da nahm er ihn auf seine Arme und lobte Gott und sprach:

Herr, nun lässt du deinen Diener in Frieden fahren, wie du gesagt hast; denn meine Augen haben deinen Heiland gesehen, den du bereitet hast vor allen Völkern, ein Licht, zu erleuchten die Heiden und zum Preis deines Volkes Israel.

Und sein Vater und seine Mutter wunderten sich über das, was von ihm gesagt wurde. Und Simeon segnete sie und sprach zu Maria, seiner Mutter: Siehe, dieser ist gesetzt zum Fall und zum Aufstehen für viele in Israel und zu einem Zeichen, dem widersprochen wird – und auch durch deine Seele wird ein Schwert dringen –, damit vieler Herzen Gedanken offenbar werden.

Und es war eine Prophetin, Hanna, eine Tochter Phanuëls, aus dem Stamm Asser; die war hochbetagt. Sie hatte sieben Jahre mit ihrem Mann gelebt, nachdem sie geheiratet hatte, und war nun eine Witwe an die vierundachtzig Jahre; die wich nicht vom Tempel und diente Gott mit Fasten und Beten Tag und Nacht. Die trat auch hinzu zu derselben Stunde und pries Gott und redete von ihm zu allen, die auf die Erlösung Jerusalems warteten.

Und als sie alles vollendet hatten nach dem Gesetz des Herrn, kehrten sie wieder zurück nach Galiläa in ihre Stadt Nazareth. Das Kind aber wuchs und wurde stark, voller Weisheit, und Gottes Gnade war bei ihm.

Lukas 2,21-40

Am achten Tag nach seiner Geburt muss ein jüdischer Junge beschnitten werden, so sagen es die Regeln der Tora, des Gesetzes, im Alten Testament (3. Mose 12,3). Die Beschneidung wird als Zeichen der Zugehörigkeit zum Bundesvolk gesehen. Swanson unterstreicht diese Zugehörigkeit, indem er auch die Beschneidung einbettet in eine Fülle von Geschichten aus dem hebräischen Teil der Bibel. Es macht geradezu Spaß, sie zu suchen und zu entdecken: Da ist Jakob, der von der Himmelsleiter träumt, da ist Daniel in der Löwengrube. Das bedeutet: Jesus ist als jüdischer Junge Teil dieser Geschichte Gottes mit seinem Volk, er ist ein Kind dieses Bundes Gottes mit dem Volk Israel. Und er wird nun bei seinem Namen genannt: Jesus. Christinnen und Christen erinnert die Namensgebung an ihr Ritual der Taufe. Beide Rituale, Beschneidung und Taufe, gehen zurück auf das Buch des Propheten Jesaja, wo Gott sagt: „Ich habe dich bei deinem Namen gerufen, du bist mein“ (Jesaja 43,1). Und die Taufe der Christinnen und Christen folgt zusätzlich dem Taufbefehl bei Matthäus: „Gehet hin und machet zu Jüngern alle Völker: Taufet sie auf den Namen des Vaters und des Sohnes und des Heiligen Geistes“ (Matthäus 28,19).

In den USA wird in der Regel jeder Junge in der Klinik nach der Geburt beschnitten. Wenn Eltern das nicht wollen, müssen sie es ausdrücklich erklären. Jüdische Eltern bitten oft darum, damit die Beschneidung nach alter Sitte in der Synagoge stattfinden kann. Eine solche Beschneidung konnte ich beim Besuch einer orthodoxen jüdischen Gemeinde in Atlanta miterleben. Es ist ein besonderes Ritual! Der Säugling wird auf den Schoß des Rabbiners gesetzt, und ein medizinisch sachkundiger Mann schneidet die Vorhaut des kleinen Jungen ein. Danach brachen Applaus und Jubel in der Gemeinde aus. Die Frauen konnten dabei nur von ihrem abgetrennten Teil aus zuschauen. Als Mutter dachte ich, dass mir das schwerfallen würde, mein Kind nicht selbst zu halten beim Ritual …

Ob dies an die Opferung Isaaks erinnert, die in einem kleinen Bild zu sehen ist? Isaak, der lang ersehnte Sohn von Abraham und Sarah, gilt als der erste Junge, der am achten Tag beschnitten wird (1. Mose/Genesis 21,4). Als Gott von Abraham verlangt (1. Mose 22,1-19), den eigenen Sohn zu opfern, wird das in der Bibel als Test für Abrahams Gehorsam gesehen. Wie aber geht es Sarah, der Mutter, als sie von diesem ungeheuerlichen Vorgang erfährt? Kann das Leben des Sohnes dem Gehorsam gegenüber Gott untergeordnet werden? Und was für ein Gottesverständnis steht dahinter?

Manche Theologen haben die Opferung Isaaks mit dem Tod Jesu am Kreuz in Verbindung gebracht. Opfert nicht auch Gott am Ende den eigenen Sohn? Oder geht es am Kreuz um Jesu Hingabe, begibt er sich aus Liebe zu den Freundinnen und Freunden, aus Leidenschaft für seine Überzeugungen in die Hand der römischen Gewaltherrscher? Ist das Kreuz Zeichen einer unheilvollen Hinrichtung, aus der Gott aber Heil erweckt hat? Eine lebhafte theologische Diskussion wird dazu in letzter Zeit geführt.

Christinnen und Christen fällt es schwer, Opferrituale zu verstehen, sie sind unserem Glauben fremd – es sei denn, der Tod am Kreuz wird als Opfer verstanden. Auch für diejenigen, die Jesu Tod am Kreuz so sehen, war dies das letzte und endgültige Opfer, nach dem Gott keine Opfer mehr will und braucht. Allerdings kennen wir durchaus ein Dankopfer: wenn wir geben und teilen als Ausdruck von Dank und Solidarität, etwa sonntags, wenn im Gottesdienst die Kollekte eingesammelt wird. Den Gedanken, sich für andere aufzuopfern, kennen wir, und ja, auch den Gedanken der Hingabe. Viele verstehen den Tod Jesu am Kreuz heute so.

Auch die so genannten Ablassbriefe, die Auslöser der Reformation waren, kann man als eine Art Geldopfer verstehen, denn sie gingen von dem Gedanken aus, mit Geld könnte man sich von Sünden freikaufen und Vergebung erlangen – ein Geldopfer also, um dem Fegefeuer zu entkommen. Wo aber Religion und Geld vermengt werden, kommt es schnell zu Missbrauch und Auseinandersetzungen. Jesus wird als erwachsener Mann zornig die Tische der Geldwechsler im Tempel umwerfen. Im Johannesevangelium (2,16) wird berichtet, dass er zu Taubenhändlern sagte: „Tragt das weg und macht nicht meines Vaters Haus zum Kaufhaus!“ Die Liebe und die Zuwendung Gottes, sie sind nicht durch Geld zu kaufen. Und wer viel kaufen kann, wird darum nicht mehr Liebe Gottes gewinnen.

Rituale aber tun dem Glauben gut, sie beheimaten uns in einer Glaubensgemeinschaft. Swanson zeigt auf seinem Bild auch Brandopfer, von denen schon die ganz alte Geschichte von Kain und Abel erzählt. Und nach einer Geburt ist ein Reinigungsopfer vorgesehen, bei dem die Frau ein Schaf und eine Taube opfert. „Vermag sie aber nicht, ein Schaf aufzubringen, so nehme sie zwei Turteltauben oder zwei andere Tauben, eine zum Brandopfer, die andere zum Sündopfer, so soll sie der Priester entsühnen, dass sie rein werde.“ (3. Mose/Leviticus 12,8) Nehmen wir die Gesetze des dritten Buchs Mose ganz genau, so bleibt die Mutter zunächst sieben Tage unrein im Sinne des Kultes. Am achten Tag findet die Beschneidung des Sohnes statt, und die Mutter soll anschließend 33 Tage bei ihrem neugeborenen Sohn zu Hause bleiben. Bei einer Tochter ist sie zunächst zwei Wochen kultisch unrein und soll anschließend 66 Tage zu Hause bleiben.

Diese Vorstellung, dass eine Frau unrein wird, wenn sie ihre Menstruation hat und durch Gebären, können wir heute kaum nachempfinden, noch weniger, dass Unreinheit länger dauert bei der Geburt einer Tochter. Da spielen archaische Vorstellungen eine Rolle – dass Blut verunreinigt –, und es kommt eine patriarchale Gesellschaftsordnung zum Ausdruck. Allerdings ist es noch nicht so lange her, dass gefragt wurde, ob Frauen, die ihre Menstruation haben, am Gottesdienst teilnehmen oder gar als Pfarrerin oder Kirchenvorsteherin das Abendmahl austeilen dürfen. Dieser Gedanke, dass ihre Blutung etwas mit Unreinheit zu tun hat, scheint tief zu sitzen. Wie wäre es, dieses Blut als Zeichen des Lebens zu sehen, Gebären als Zeichen für Reinheit? Die anglikanische Journalistin Pauline Webb erzählte einmal in kleiner Runde, dass sie für die Eröffnungspredigt bei der sechsten Vollversammlung des Ökumenischen Rates in Vancouver 1983 lange überlegt habe, wie sie ein positives Bild für „Blut" und „Blut vergießen" finden könne. Während sie nachdachte, rief eine Freundin an und erzählte von ihren Menstruationsbeschwerden. Da sei ihr klar geworden, dass der Blutfluss einer Frau geradezu das zentrale Symbol für Blut als Zeichen des Lebens und der Möglichkeit für neu entstehendes Leben sei. Ihre Predigt, die das Beispiel thematisierte, führte zu heftigen Diskussionen …

Wie auch immer: Außer diesen alten und lange wirkenden Vorstellungen erzählt die Geschichte auch, dass Josef und Maria ganz offensichtlich zu denen gehören, die sich kein Schaf leisten können. So opfern sie zwei Tauben. Diese Tiere schwirren

geradezu durch Swansons Bild! Und sie haben eine starke Symbolkraft. Viel später, nach Tod und Auferweckung Jesu, werden die Jüngerinnen und Jünger erleben, dass der Heilige Geist brausend durch die Luft kommt. Von Jesu Taufe aber wurde erzählt, dass der Geist als Taube auf ihn herabkam. Und diese Taube als Symbol des Geistes wird sich in aller Welt mit der Friedenstaube verbinden, die in der Tradition jener Taube steht, die nach der Zerstörung durch die Flut zu Noahs Arche zurückkommt mit einem grünen Zweig im Schnabel: Neues kann beginnen. Die Zerstörung hat ein Ende. Friede soll herrschen auf Erden auf der Grundlage der Zusage Gottes, dass Leben nicht wieder zerstört werden soll.

Wir können uns vorstellen, dass sie glücklich sind, die jungen Eltern. Das Schlimmste ist überstanden, die weite Reise nach Bethlehem liegt hinter ihnen, jetzt kann das Kind beschnitten werden. Interessant, dass Swanson die Szene im Tempel an dieser Stelle und damit vor der Flucht der Familie nach Ägypten einordnet, die sie wegen Herodes' Angst vor einem Königskind und seiner brutalen Reaktion antreten muss. Aber letzten Endes ist das konsequent. Der achte Tag – es mag sogar sein, dass die beiden noch in Bethlehem sind, darüber wird gar nichts gesagt. Entscheidend ist: Hier findet das alte jüdische Ritual statt, das seit Isaaks Zeiten Jungen zeichenhaft in das Volk des Bundes aufnimmt. Für manchen Jungen wurde dieses Zeichen, in der Zeit der Nazidiktatur, zum Grund der Verhaftung und Ermordung. Während in anderen Gesellschaften – beispielsweise in den USA, wie gesagt – Beschneidung keine religiöse Bedeutung hat, war sie in Europa damals klar ein Zeichen von Jüdisch-Sein.

Jesus ist Jude, ganz und gar. Das wurde gerade in der europäischen Theologie und Gesellschaft allzu oft ignoriert. Ein germanischer blonder Jesus wurde da gezeichnet. Sein Jüdisch-Sein wurde verdrängt, gar geleugnet. Aber hier im Tempel wird sichtbar: Er ist Kind des Bundesvolkes. Seine Eltern freuen sich, dass er zur Gemeinschaft des Volkes Israel gehört, ebenso wie christliche Eltern, die ihr Kind zur Taufe in die Kirche bringen. Es sind Rituale, die ihre Kinder Teil der großen Familie aller Alten und Jungen werden lassen, die sich als Schwestern und Brüder verstehen. Die Geburt ist ein sehr persönliches Ereignis. Eine Frau bekommt ein Kind in hoffentlich geschützter und intimer Atmosphäre, und heute ist der Vater zum Glück meist dabei. Und dann öffnet sich die kleine Familie durch ein Glaubensritual hin zur Welt, zur Gemeinschaft des Glaubens.

Im Tempel sieht ein alter Mann mit Namen Simeon das Kind. Offenbar ist er einer dieser beeindruckenden Alten, die noch Träume haben. Simeon hat nicht abgeschlossen mit dem Leben, sondern spürt, dass da noch etwas offen ist. Ein alter Mann mit Erwartungen, der sich nicht einfach aufs Abstellgleis schieben lässt. Da ist dieses Gefühl, noch nicht abgeschlossen zu haben mit dem Leben; es steht noch etwas aus, es kommt noch etwas, was wichtig sein wird. Einem inneren Drang folgend macht er sich auf den Weg, er spürt: Veränderung liegt in der Luft. Das macht ihn sehr sympathisch, finde ich.

Alt werden, alt sein – das wird in den Kulturen der Welt sehr unterschiedlich wahrgenommen. In unserer Kultur wird das Altsein negativ bewertet: Alt sein heißt, nicht mehr so leistungsfähig zu sein, faltige Haut zu haben, die geistige und körperliche Kraft lässt nach. Kaum jemand sagt: Ich freue mich, alt zu sein oder zu werden. Eine ganze Industrie lebt davon, das Altern zu ignorieren oder verhindern zu wollen. Dass Alter auch Weisheit bedeutet, Lebenserfahrung, eine Klugheit, die nur mit den Jahren wachsen kann, Reife, die erst die Zeit bringt, das nehmen viele nicht wahr. „Alterssatt sein" ist dafür ein schönes Wort: Angefüllt sein von einem Leben mit Höhen und Tiefen. „Satt sein", das verstehe ich in dem Sinne, dass es dem Menschen nach einem so gelebten Leben gut geht wie nach einem genüsslichen Mahl. Es ist gut, und es ist genug. Und dass es genug war und genug sein kann, ist doch nicht schlecht, sondern schön als Lebensgefühl! Wer das ausstrahlt, hat eine ganz eigene Würde.

Simeon macht den Eindruck, ein solcher Mensch zu sein: ein alterssatter und fröhlicher Alter. Seine Alterssattheit macht ihn gerade nicht träge, stellt ihn nicht abseits vom aktuellen Geschehen. Als er das Kind in Marias Armen sieht, ahnt er: Dies ist nicht ein Säugling wie viele andere! Mit diesem Kind hier kommt Segen Gottes in die Welt. Auf einmal hat er das Gefühl, in Frieden sterben zu können.

Als mir bei einem Beerdigungsgespräch der Sohn eines Verstorbenen sagte, sein Vater habe sich das *Nunc dimittis* gewünscht, wusste ich im ersten Moment gar nicht, was gemeint war. „Nunc dimittis" („Nun entlässt du…") sind die ersten Worte Simeons beim Anblick des kleinen Jesus nach der lateinischen Bibelübersetzung, der Vulgata. Mit ihnen beginnt der Lobgesang des Simeon (Lukas 2,29-32). Er ist nach dem *Magnificat*, dem Lobgesang Marias (Lukas 1,46-55), und dem *Benedictus*, dem Lobgesang von Zacharias, dem Vater von Johannes dem Täufer (Lukas 1,68-79), der dritte Lobgesang im Lukasevangelium. Als Lied fand dieser Lobgesang Eingang in die Komplet, das Nachtgebet der Kirche, das in Klöstern noch heute praktiziert wird. Martin Luther hat es aufgenommen in seinen Choral „Mit Fried und Freud ich fahr dahin". Und auch nach ihm hat die Kirchenmusik der reformatorischen Kirchen die Worte des alten Simeon aufgenommen in die Rituale der Bestattung: Sie sind zu finden etwa in den *Musikalischen Exequien* von Heinrich Schütz oder auch im *Actus Tragicus* von Johann Sebastian Bach. In Frieden sterben können, weil ich darauf vertrauen darf, dass Gott hinter den Schlusspunkt meines Lebens einen Doppelpunkt setzt, dafür steht der Lobgesang des alten Simeon.

Und wie Simeon, so wartet auch die alte Hanna noch auf etwas Neues. Nachdem sie früh Witwe wurde, lebt sie offensichtlich geradezu im Tempel. Das erinnert ein wenig an Frauen, wie es sie noch heute gibt, die sich im Alter ganz der Kirche widmen. Ihr Engagement wird oft nicht wirklich wertgeschätzt. Doch sie sind es, die die Kirche erhalten, die einstehen für die Gemeinschaft, ihre Zeit und

Kraft investieren. Ich bewundere Frauen, die solches Engagement aufbringen, vielleicht auch aufbringen müssen in ihrem Alter, nicht nur in der Kirche. In einem aufwühlenden Bildband von Christoph Gödan mit dem Titel „Die Großen Mütter" (2012) werden alte, sehr alte afrikanische Frauen porträtiert, die ihre ganze Lebenskraft aufwenden, um für ihre Enkelkinder zu sorgen, weil deren Eltern an AIDS gestorben sind. Sie sind müde vom Leben, von allem, was sie an Schwerem erleben und an Verlusten ertragen mussten. Und doch tun sie alles, um für die übernächste Generation zumindest eine kleine Chance auf Zukunft zu eröffnen. Starke Frauen sind das, bei aller altersbedingten Schwäche.

Auch ihnen setzt Hanna in der Bibel ein Denkmal: Eine sehr alte Frau, die für andere da ist, von ihrem Glauben erzählt, im Gotteshaus wirksam ist und ein offenes Herz hat. Denn das muss sie haben, wenn gegen alle Erwartungen, vielleicht von einer triumphalen Königsherrschaft Gottes, auf einmal ein Kind, ein Neugeborenes – das Normalste der Welt also – der Messias sein soll, der das Heil bringen soll, die Rettung Gottes.

Unsere Gesellschaft neigt dazu, die Alten notorisch zu unterschätzen. Simeon und Hanna stehen für die Weisheit des Alters, die Erfahrung, eine Reife, die weiter sieht als der Alltagsblick und einen weiten Horizont hat, die Kraft der Hoffnung, die angesichts des Todes nicht einknickt. Wir haben kein Bild von ihnen, aber beide strahlen über die Jahrhunderte hinweg eine große Würde aus. Wir empfinden beim Lesen Respekt: Da sind zwei Alte, die viel gesehen haben und sich überraschen lassen; die eine weite Strecke gegangen sind und lachen können über die Wege Gottes. Die sich freuen am Leben, das mitten unter uns wächst.

Ich bin in letzter Zeit auch solcher Weisheit begegnet, und sie ist mir sehr nahe gegangen. Einmal war das eine fast 90-Jährige, die ihren ersten Urenkel im Arm hielt und sagte: Jetzt kann ich in Frieden gehen, der Lebenskreislauf hat sich geschlossen in der dritten Generation nach mir. Das hat mich an Simeons Nunc dimittis erinnert. Zum anderen hat eine Frau mir geschrieben, sie hätte immer große Angst vor dem Tod gehabt. Dann aber habe sie bei ihrer alten Mutter gesessen und sie im Sterben begleitet – und das habe ihr eine tiefe innere Ruhe vermittelt. Ihre Mutter habe sie ins Leben begleitet und sie nun die Mutter aus diesem Leben hinaus in das erhoffte nächste Leben. Ein schöner und tröstlicher Gedanke. Der Tod hat nicht das letzte Wort. Wir erwarten Neues, wie Simeon und Hanna. Dafür steht dieses Kind, das diese beiden Alten spontan mit Dank und Freude und Hoffnung erfüllt. Zwar wird Jesus in jungen Erwachsenenjahren sterben, er wird hingerichtet werden. Aber die Männer und Frauen, die ihm vertrauen, erfahren, glauben und vertrauen darauf, dass Jesus nicht im Tod geblieben ist, sondern lebt – in einer Weise, die das, was wir sehen und begreifen, übersteigt.

6. Flucht nach Ägypten

Als sie aber hinweggezogen waren, siehe, da erschien der Engel des Herrn dem Josef im Traum und sprach: Steh auf, nimm das Kindlein und seine Mutter mit dir und flieh nach Ägypten und bleib dort, bis ich dir's sage; denn Herodes hat vor, das Kindlein zu suchen, um es umzubringen. Da stand er auf und nahm das Kindlein und seine Mutter mit sich bei Nacht und entwich nach Ägypten und blieb dort bis nach dem Tod des Herodes, damit erfüllt würde, was der Herr durch den Propheten gesagt hat, der da spricht (Hosea 11,1): „Aus Ägypten habe ich meinen Sohn gerufen".

Matthäus 2,13-15

Während Lukas sich in seinem Bericht von den Anfängen ganz auf die Frauen konzentriert, auf Elisabeth und Maria, erzählt Matthäus auf besondere Weise von Josef, dem Mann in der Geburtsgeschichte. Von Männern heute wird gesagt, sie seien zunehmend auf der Suche nach ihrer Rolle in den neuen Familienkonstellationen. Da kann Josef durchaus Vorbild sein! Bei Matthäus spielt er keineswegs eine Nebenrolle, auf die er bisweilen ja bis hin zur Lächerlichkeit reduziert wird. Nein, Josef entscheidet sich, als Vater zu diesem Kind zu stehen. Und er folgt seiner Intuition, den Säugling zu schützen, auch wenn er alles verlassen muss, Heimat und Sicherheit. Geträumt hat er die Gefahr. O ja, das gibt es: Träume, die uns den Weg weisen. Ein plötzlicher Gedanke, der uns klarmacht, was zu tun ist. Eine innere Unruhe, die uns zum Nachdenken bringt. Viele verdrängen solche Gefühle und Gedanken, obwohl wir nicht zuletzt aus der Psychologie wissen, dass damit etwas an die Oberfläche kommen will, was wir nicht unterdrücken sollten. Josef nimmt die Träume ernst, er spürt, dass sein Sohn gefährdet ist. Und er entscheidet sich für die Flucht. Kein leichter Weg …

Wieder sind sie also unterwegs. Fast ein wenig einsam wirken sie auf Swansons Bild, Josef und Maria. Bis hierhin waren sie eingebettet in eine Gemeinschaft, sie bewegten sich in einem lebhaften Geschehen zahlreicher Menschen um sie herum. Jetzt müssen sie ihren ganz eigenen Weg gehen. Auch das gibt es im Leben: einsame Wege, die gegangen werden müssen. Bei schweren Entscheidungen erleben viele Menschen, dass sie auf sich gestellt sind. Sie müssen für sich allein spüren, was für sie gut und richtig ist. Es gilt, die Richtung festzulegen und Entscheidungen zu verantworten: vor sich selbst, vor anderen, vor Gott. Das braucht Zeit und Mut. Gut, wenn der Weg zu zweit gegangen werden kann. Viele Paare schweißt eine Bedrohungserfahrung zusammen. Sie erleben, dass ihre Beziehung stärker wird durch die Herausforderungen, die sie meistern müssen. Manche Beziehungen aber zerbrechen auch daran, weil sie dem Druck nicht standhalten, den etwa die schwere Erkrankung des einen Partners, des Kindes oder gar der Tod in nächster Nähe auslösen kann.

Wer in solchen Situationen Gottvertrauen hat, findet eine Art „dritten Gesprächspartner“, um ohne Schaden an der Seele, mit Verletzungen und dennoch in gewissem Sinne „heil“ durch sie hindurchzukommen. Zu Gott beten, die eigene Klage vor Gott bringen, Gott um Vertrauen bitten – das kann in Krisensituationen des Lebens ein entscheidender Faktor sein. Auch wenn wir nicht mehr ein noch aus wissen, empfinden wir uns doch gehalten in Gottes Hand – das ist eine bewegende Erfahrung. So kann neue Kraft wachsen, die wir brauchen.

Matthäus erzählt, wie Grauen und Morden um sich greifen. Herodes lässt alle israelitischen Jungen unter zwei Jahren töten. Was für ein entsetzliches Massaker! Fassungslos lesen wir davon, selbst noch nach so langer Zeit. Immer wieder hat es ja Gräueltaten in der Geschichte der Menschheit gegeben, bis heute entsetzen wir uns darüber, was Menschen anderen anzutun in der Lage sind. Da kommen marodierende Banden und erschießen Männer, Frauen, Kinder aus Willkür, aufgrund ihrer Herkunft, weil es ihnen jemand so befohlen hat. Welche Angst vor ihnen einhergeht, welchen Schrecken sie verbreiten, wenn sie vor der Stadt stehen, die bewaffneten Männer: in Galiläa und in Homs in Syrien, im Kongo, in Nigeria, in Indonesien, an so entsetzlich vielen Orten der Geschichte und der Welt. Die Schreie angesichts der Mordtaten der Herrscher dieser Welt, die auch vor Neugeborenen nicht Halt machen, sie gellen von Bethlehem her durch die Geschichte. Es ist Unrecht, das zum Himmel schreit. Und dieses Schreien ist eine stete Anklage an eine Welt, die mit Waffen Geld verdient, Bedrohung für Normalität hält und Armeen für eine Selbstverständlichkeit im Staat. „Selig sind, die Frieden stiften“ – das wird die Botschaft sein, die Jesus als junger Mann weitergibt. Sie ist Widerstand gegen die Macht der Gewalt, ein subversives Lied gegen das Dröhnen der Soldatenstiefel.

Manchmal ist es kaum möglich, das Entsetzen zu sehen, auch nur zu begreifen, was vor sich geht. Wir heute sehen es an den Bildschirmen als Menschen, die in Frieden und Wohlstand in ihrem Land leben. Doch auch wir können uns ja hineinversetzen in das Ausgeliefertsein, die Schutzlosigkeit, die unmittelbare Lebensbedrohung. Was aber können wir tun? Den Waffenhandel beenden beispielsweise, mit dem die reichen Staaten auch noch verdienen an den Massakern und Kriegen dieser Welt. Die Tür öffnen für Flüchtlinge, die Schutz und Frieden suchen. Die Stimme erheben für die, die keine Stimme haben. Unseren Wohlstand teilen.

Bei allem Schrecken über das Grauen und mit der Hilflosigkeit, die wir oft empfinden, dürfen wir wie der Maler Swanson und mit ihm zusammen auch das Schöne sehen, die üppige Schöpfung, die Rastplätze am Rande des Weges. Er zeigt es mit kleinen Hinweisen. Wieder rühren die Details an, wieder vor allem die Tiere, etwa Eule, Reh und Hase. In aller Angst, in allem Grauen und bei aller Hoffnungslosigkeit geht auch das normale Leben weiter, das getragen wird, gibt es Kleinigkeiten, die uns lächeln lassen. Die Bäume überdauern mit Standfestigkeit und voller Grün das menschliche Leben, und da sind viele Mitgeschöpfe, die sich nicht erschüttern lassen von menschlichem Zerstörungswahn.

„Freunde, dass der Mandelbaum wieder blüht und treibt, ist das nicht ein Fingerzeig, dass die Liebe bleibt? Dass das Leben nicht verging, soviel Blut auch schreit, achtet dieses nicht gering in der trübsten Zeit" – das dichtet Schalom Ben-Chorin angesichts all des Schreckens und der Vernichtung der Konzentrationslager.

Aber eine Idylle ist es nicht. Schönes und Schreckliches sind nebeneinander und geschehen gleichzeitig. Eltern haben Angst vor dem Klopfen an der Tür! Da kommen sie, die Soldaten. Wie viele Generationen wurden so traumatisiert! Die Angst vor den Schritten, die sich nähern, die bange Frage von Müttern und Vätern: Wie kann ich die Kinder, mich, die Familie schützen? Sind wir der Gewalt ausgeliefert? Wer das erleben muss, wird es ein Leben lang nicht vergessen.

Die Traumata der Kinder werden oft nicht gesehen oder nicht ernst genommen. Was heißt es, sich verstecken zu müssen vor Geheimdienstleuten oder Soldaten, vor Schikane, Erpressung, Vergewaltigung! Unendlich viele Kinder unserer Welt wachsen mit solchem Schrecken auf. Und häufig kommt erst spät, oft erst im Erwachsenenalter, an die Oberfläche, was zu lange unterdrückt wurde. Was aber aufbricht, kann offen angeschaut und auf den Weg der Heilung gebracht werden, es muss nicht unbewusst weiterwirken. So kann der Kreislauf der Gewalt unterbrochen werden.

Um der Gewalt direkt zu entkommen, gibt es oft keine andere Möglichkeit als die Flucht. Sie ist überlebensnotwendig. Josef begreift das. Flucht und Vertreibung werden später zum Schicksal Israels, als 70 nach Christus Jerusalem und der Tempel zerstört werden und im Jahr 135 jüdische Menschen in alle Welt zerstreut werden. Verfolgung ist Teil der jüdischen Geschichte, besonders schrecklich dann im 20. Jahrhundert in Deutschland und durch die Deutschen in ganz Europa. Jüdische Familien haben mit dem Leben bezahlt, dass sie ihre Heimat Deutschland nicht rechtzeitig verließen, wie Josef damals Israel – weil sie darauf vertrauten, zuhause sein zu können in dem Land, in dem sie seit Generationen lebten, weil sie Deutsche waren und zeitlebens dazugehört hatten. Millionen wurden brutal ermordet, vergast, zu Tode geknüppelt. Und am Ende des Krieges wurden Familien in Ostpreußen, Hinterpommern, dem Sudetenland und Schlesien vertrieben, die nicht begriffen hatten, dass die Sowjetarmee auch ihre Heimat erobern würde, weil sie viel zu lange der Propaganda der Nazis vertraut hatten, eine menschenverachtende Ideologie sie auf einen entsetzlichen Irrweg verführt hatte.

Unter den biblischen Gestalten finden wir viele Menschen auf der Flucht. Und immer wieder erzählt die Bibel, dass auf dem Weg Gottes Begleitung erfahren wird. Etwa, als das ganze Volk Israel auf dem Weg von Ägypten in das verheißene Land ist – da heißt es: „Und der Herr zog vor ihnen her, am Tage in einer Wolkensäule, um sie den rechten Weg zu führen, und bei Nacht in einer Feuersäule, um ihnen zu leuchten, damit sie Tag und Nacht wandern konnten" (2. Mose/Exodus 13,21).

Da ist Hagar, die mit ihrem Sohn Ismael von Abraham verstoßen wird: Ein Engel begleitet sie, der auf sie Acht hat. Als sie in der Wüste umherirrt und nicht mehr weiß, wie es weitergehen kann, „da erhörte Gott die Stimme des Knaben. Und der Engel Gottes rief Hagar vom Himmel her und sprach zu ihr: Was ist dir, Hagar? Fürchte dich nicht; denn Gott hat gehört die Stimme des Knaben, der dort liegt." (1. Mose/Genesis 21,17) Sie findet einen Weg für sich und ihr Kind in die Zukunft.

Ähnlich ergeht es dem Propheten Elia, der nicht mehr leben will, er ist erschöpft, am Ende seiner Kraft. Im 1. Buch der Könige wird erzählt:

„Er aber ging hin in die Wüste eine Tagereise weit und kam und setzte sich unter einen Wacholder und wünschte sich zu sterben und sprach: Es ist genug, so nimm nun, Herr, meine Seele; ich bin nicht besser als meine Väter. Und er legte sich hin und schlief unter dem Wacholder. Und siehe, ein Engel rührte ihn an und sprach zu ihm: Steh auf und iss! Und er sah sich um, und siehe, zu seinen Häupten lag ein geröstetes Brot und ein Krug mit Wasser. Und als er gegessen und getrunken hatte, legte er sich wieder schlafen. Und der Engel des Herrn kam zum zweiten Mal wieder und rührte ihn an und sprach: Steh auf und iss! Denn du hast einen weiten Weg vor dir. Und er stand auf und aß und trank und ging durch die Kraft der Speise vierzig Tage und vierzig Nächte bis zum Berg Gottes, dem Horeb." (Kapitel 19,4-8)

Gott stärkt auf der Flucht, auf der Reise, auf der Suche nach einer Lebensmöglichkeit in der Zukunft. In der Bibel ist es oft ein Engel, der als Symbol für diese Begleitung steht. Das nimmt John Swanson auf: Engel zeigen Josef den Weg und begleiten ihn mit Frau und Kind auf ihrem weiten Weg in eine ungewisse Zukunft.

Dass Engel auf die Menschen achten und sie besonders in schwierigen Situationen begleiten, ist eine uralte Überzeugung. Schon in Psalm 90 heißt es: „Denn er hat seinen Engeln befohlen, dass sie dich behüten auf allen deinen Wegen, dass dein Fuß nicht an einen Stein stoße." So begleiten die Engel die Heilige Familie auf der Flucht. Und so begleiten sie das gesamte Weihnachtsgeschehen, wie Lukas und Matthäus es uns überliefert haben. Jeder Mensch auf der Flucht, auf der Reise ins Ungewisse sehnt sich nach solcher schützenden Begleitung, die ihm den Weg in ein rettendes Land, an ein rettendes Ufer weist.

Als die Kindheit Jesu zu Ende ist, als er erwachsen ist und ein neuer Lebensabschnitt beginnt, wird er in die Wüste gehen (Matthäus 4,1ff). Er will versuchen, zu verstehen und zu begreifen: seinen Le-

bensauftrag, seine Aufgabe, die nächsten Schritte. Viele Tage ist er dort, er fastet, er stellt sich Fragen und kämpft mit Versuchungen. Am Ende werden Engel ihn speisen und ihm Kraft geben für den Weg, der vor ihm liegt. Engel begleiten seinen Weg, Gott ist ihm nahe. Und so findet er nach der Zeit in der Wüste Kraft, um öffentlich aufzutreten, vom Reich Gottes zu reden, die herrschende Elite und die Besatzungsmacht zu provozieren, so, wie er es unbewusst schon allein durch seine Geburt getan hat. Am Ende werden ihn die hinrichten, die in dieser Welt Macht haben. Es ist allerdings ein vorläufiger Sieg. Langfristig wird das Kind in der Krippe, der sterbende Mann am Kreuz mehr Hoffnung und Liebe in die Welt bringen, als je ein Diktator verbieten konnte. Und die Engel im Himmel freuen sich darüber!

Zum Schluss

Viele Tage hatte ich die Bilder John Swansons auf der einen Seite meines Schreibtisches liegen und die Bibel auf der anderen. Es war für mich wie eine neue Entdeckungsreise in die Weihnachtsgeschichte. Fasziniert haben mich dabei besonders zwei Wahrnehmungen:

Zum einen die Art und Weise, wie John Swanson die Weihnachtsgeschichte einbindet in die Fülle der biblischen Erzählungen. Es gibt so viele Verweise auf das Alte und das Neue Testament, dass die Weihnachtserzählungen von Lukas und Matthäus eingebettet sind in das Gesamtzeugnis der Bibel. Und die Menschen, von denen erzählt wird, stehen nicht für sich allein, sie sind Teil des Lebens vieler anderer Menschen und in vielfältigen Verbindungen. Sie sind nicht in einem heiligen religiösen Abseits, sondern im Alltag der Welt.

Zum anderen sind auf den Bildern die Menschen immer unterwegs. Sie stehen nicht still, sie sind auf der Suche: Maria und Josef, die zur Krippe kommen in Bethlehem, die Hirten und die Weisen, die das neugeborene Kind suchen, die Menschen, die zum Tempel gehen. Ihr Ziel ist Gott selbst, und für ihren Weg brauchen sie Gottvertrauen und die Hoffnung, dass ihr Leben Sinn hat.

Mit dem Kind in der Krippe wird nach christlichem Glauben diese Hoffnung erfüllt. Gott sagt jedem Menschen Lebenssinn zu. Gott will den Menschen beistehen auf ihrer Suche, wenn sie orientierungslos sind und leiden. Das Kind wird die Botschaft von der Liebe Gottes den Menschen weitergeben, sein Leben wird davon erfüllt sein und große Anziehungskraft haben. Wie schon bei seiner Geburt, werden es vor allem die Menschen am Rande sein, die Hirten aller Zeiten, die Neugierigen, die Weisen aller Jahrhunderte, die diese Botschaft hören. Die Herrschenden dagegen wird die Botschaft des Jesus von Nazareth immer wieder irritieren, weil sie ihre Macht in Frage stellt, weil sie von einer anderen Macht redet und von einem Reich, das nicht von Gewalt, sondern von Liebe zusammengehalten wird. Es ist eine Umkehr der Verhältnisse, die Jesus predigt, eine Kontrastgesellschaft, die er mit seinen Worten ausmalt und die er lebt.

Der Höhepunkt dieser Umkehr der Verhältnisse wird sein, dass der Tod nicht das letzte Wort behält. Der „Thrill of Hope", dieser Schauer, diese Ahnung, dieses Flimmern der Hoffnung wird zur revolutionären Infragestellung all dessen, was als „Lauf der Zeit" und „Gang der Dinge" hingenommen wird. Und so hallt durch die Zeit die Melodie der Zukunft Gottes, in der „alle Tränen abgewischt werden, Not, Leid und Geschrei ein Ende haben und der Tod nicht mehr sein wird" (Offenbarung 21). Diese Hoffnung wird Menschen auf den Weg bringen wie die Gestalten der Weihnachtsgeschichte. Sie werden sich nicht abfinden mit den vermeintlich unabänderlichen Verhältnissen, die sie vorfinden – weil die Welt schon verändert ist. Was die Engel erkennen, können auch wir schon im Glauben ahnen.

Die Weihnachtsgeschichte ist eine neue Entdeckungsreise des Glaubens – alle Jahre wieder. Ich freue mich, wenn John Swansons Bilder und meine Texte Sie zu dieser Reise anregen. Mir jedenfalls haben diese Bilder manche neue Einsicht in die Weihnachtsgeschichte vermittelt.

Prof. Dr. Dr. h.c. Margot Käßmann,
geboren 1958, ist Theologin und Pastorin. Bis 2010 war sie Bischöfin der Evangelisch-lutherischen Landeskirche Hannovers und Ratsvorsitzende der Evangelischen Kirche in Deutschland (EKD). Seit 2012 ist sie Botschafterin des Rates der EKD für das Reformationsjubiläum 2017. Die Bestsellerautorin lebt in Berlin.

Dr. h.c. John August Swanson,
geboren 1938, ist berühmt für seine detailreichen, farbenfrohen Gemälde und Drucke. Seine Werke finden sich u. a. im Smithsonian National Museum of American History (Washington), in der Tate Gallery (London), im Vatikanischen Museum/ Sammlung Moderner und Religiöser Kunst (Rom) und in der Bibliothèque National (Paris). Swanson lebt und arbeitet in Los Angeles. www.JohnAugustSwanson.com

www.kreuz-verlag.de

Umschlaggestaltung: agentur IDee
Umschlagfoto: © John August Swanson
Autorenfoto: © Dominik Butzmann

Innengestaltung und Satz: agentur IDee
www.agenturidee.de
Herstellung: Graspo CZ, Zlín

Printed in Czech Republic

ISBN 978-3-451-61112-4